공간 디자이너 —
김세중, 한주원

propaganda

5   공간 디자이너란?

6   김세중, 한주원

8   스튜디오 씨오엠

13   토크: 직업으로서의 공간 디자이너

84   타임라인

91   아카이브

128   칼럼: 트로피를 들어 올려라

134   공간 디자이너가 되는 법

공간 디자이너란?

공간 디자인은 카페, 바, 쇼룸 등 수많은 유형의 상업 공간에서부터 전시장, 사무실, 주거 시설 등에 이르는 비상업 공간을 의뢰인의 요청에 부응해 적절히 디자인하는 일을 뜻한다. 실내 장식이라고도 불리는 인테리어 디자인이라는 용어와 구별 없이 쓰일 때도 있지만, 일반적으로는 그에 더해 전시 디자인이나 무대 디자인 등 여하한 공간을 조성하는 직무를 광범위하게 포괄한다.

이케아(IKEA) 한국 진출을 필두로 공간을 인지하는 대중의 감각이 확장되는 일종의 전환기를 맞이하면서, 디자인을 필요로 하는 공간의 개념 역시 급격히 다종다양해지는 중이다. 인테리어 디자인의 주된 소비처로 알려진 카페, 식당, 패션 매장뿐만 아니라 서점, 작업실, 화원, 게스트하우스, 이발소, 쌀집 같은 곳까지도 공간 디자인의 대상으로 여겨지고 있다.

공간 디자이너는 공간 디자인을 직업으로 하는 전문가다. 설계한 바를 실제로 구현하는 과정에서 건축가, 가구 디자이너, 그래픽 디자이너, 시공 관계자 등 여러 분야의 작업자와 협업한다. 대중에게 매력적인 경험을 제공해야 하므로 유행에 민감해야 하지만 모든 디자인이 그렇듯 그것만 좇아서는 주목할 만한 결과물을 내지 못한다. 언제나 관건은 시대와 호흡하되, 자신의 관점과 미감을 공간에 새겨 넣는 일이다.

김세중

1987년 경상북도 포항에서 태어났다. 포항시
대도초등학교, 상도중학교, 세명고등학교를
졸업했다. 2007년 재수로 국민대학교에 입학,
2014년 실내 디자인학과(현 공간 디자인학과)를
졸업했다. 졸업 후 잠시 동안 인테리어 스튜디오와
현대 미술 작가 양혜규의 스튜디오에서 일했다.
2015년 한주원을 만나 협업하기 시작했고,
2016년 함께 스튜디오 씨오엠을 설립했다.

한주원

1989년 경기도 부천시 출생. 서울시 구로구
개봉초등학교, 고양시 백마중학교, 종로구
경복고등학교를 나왔다. 2008년 재수 끝에
한국예술종합학교에 입학해 무대 미술 전공으로
2013년 졸업했다. 그 후 2년간 프리랜서로 가구
제작, 전시장 연출, 그래픽 디자인 등 크고 작은
일들을 수행했다. 2016년 김세중과 공동으로
스튜디오 씨오엠을 설립했다.

스튜디오 씨오엠

대학을 졸업하고 각자 활동하던 공간 디자이너
김세중과 한주원이 설립한 스튜디오. 저예산 전시
디자인에서 출발해 이른 시간 안에 무대 디자인,
가구 디자인 및 제작, 사무 공간과 상업 공간
디자인을 아우르는 '종합' 공간 디자인 스튜디오로
거듭났다. 전통적인 인테리어 산업과는 무관한
배경을 가졌기 때문인지, 재료 선택부터 작업
방식까지 인습적이지 않은 감각과 태도가
주목받아 여러 분야를 뛰어다니며 활동하고
있다. 김세중은 일러스트레이션, 한주원은 그래픽
디자인 작업을 겸하기도 한다. studio-com.kr

"첫 미팅 때 정말 이상한 듀오라고 생각했습니다. 한 명이 '쿵' 하면 다른 한 명이 '짝' 해서 너무나 다른데, 합치면 '쿵짝'으로 확실한 리듬이 됩니다. 한 사람의 세계로 편입되지 않고 적절한 동업자 겸 조력자로서 꼭 필요한 긴장을 유지하는 사람들입니다. 어떤 면에서는 올림픽 같고 어떤 면에서는 만담 같습니다.

작업 방식 또한 경쾌합니다. 현장의 감각, 즉흥의 발상, 장인의 기운처럼 공간과 집기를 장악하는 고전적인 해법을 버리고 디지털 환경의 계획이 곧 결과가 되게 만듭니다. 유어마인드를 연희동으로 옮기면서 공간 디자인을 스튜디오 씨오엠에게 의뢰했습니다. 시안 이미지가 곧 조립도로 펼쳐진 뒤 한 치의 오차도 없이 실제 가구가 되어 등장했는데, 마치 철저한 조형과 결합의 일부가 된 듯 기분이 들떴습니다."

— 이로(유어마인드 대표)

"전시 《예술가의 문서들: 예술 타이포그래피 그리고 협업》에서 스튜디오 씨오엠은 전시장 한가운데 23미터 길이의 테이블을 놓아 동선에 따라 250여 권의 책을 훑어볼 수 있게 했다. 그런데 공간에 치울 수 없는 사무 집기가 있었다. 씨오엠은 기지를 발휘해 그것을 가릴 조형물을 만들었는데, 이를 (전시 호스트인) 로마 퍼블리케이션스 측에서 크게 호평했다. 그 외에도 공간 속 공간의 개념으로 하나의 열람실을 구획한 《도서관 독립출판 열람실》과 자연광을 활용해 면적이 좁은 사무실을 멋진 숍으로 디자인한 아티스트 프루프 숍은 씨오엠이 공간을 얼마나 예리하고 재치 있게 해석하는지 잘 알려주는 프로젝트다."

— 월간 『디자인』

"전시 《움직이는 구조체―파빌리온씨》는 각자 활동하던 김세중과 한주원이 스튜디오 씨오엠을 결성한 후 맡은 첫 공간 디자인 작업이다. 과제는 간단했다. 움직이는 구조체를 연구한 건축가 4팀의 제안을 잘 담을 수 있어야 하고, 전시 자체도 이주가 용이할 것. 패널과 모형 전시에서 벗어나 새로운 시노그래피(scenography)를 선보이기 위해 이들은 모형, 도면, 스케치를 각 팀의 성격에 따라 조금씩 다르게 변주한 전시 테이블을 만들었다. 이로써 긴 동선을 따라 천천히 이동한 관객은 자신이 본 것을 스스로 입체화할 수 있었다. 움직이는 구조체로 전하고 싶었던 전시의 메시지를 놀랍도록 잘 담아낸 것이다. 이후, 스튜디오 씨오엠은 다양한 기회를 통해 작업의 깊이와 넓이를 더하고 있다. 멋지다."

　　― 박성태(정림건축문화재단 상임이사, 베니스비엔날레 2018
　　　　한국관 예술감독)

"책은 세울 수도 있고, 눕혀서 쌓을 수도 있다. 손바닥만 한 책도 있지만 펼치면 사람 키보다 큰 책도 있다. 서점이라는 한정된 공간 안에 있는 책은 다양한 관계 속에서 어떤 의미를 만들기도 하고, 그러한 의미가 서점의 풍경을 구성하기도 한다. 그렇기 때문에 책 공간을 구성하는 책장은 책을 보관하고 보여주는 것뿐만 아니라 서점이나 책을 위한 전시장 공간에 대한 해석도 필요로 한다. 스튜디오 씨오엠과 통의동 더북소사이어티 공간 구성부터 서울시립미술관 2호점, 전시 《예술가의 문서들》,《불완전한 리스트》 등의 프로젝트를 함께했다. 이들이 만들어내는 공간과 도구들은 디자이너나 예술가가 만드는 책과 문서, 종이 더미가 어떻게 경험되어야 하는지에 대한 인식을 보여준다."

　　― 임경용(더북소사이어티 대표)

연도	분야	클라이언트	타이틀	장소
2014	전시 디자인	십년후연구소	28(스물여덟)	국립한글박물관
	전시 디자인	프로파간다 출판사	유용한 책과 더 나은 생활	롯데백화점 (청량리)
	전시 참여	KCDF	프린팅 스튜디오 쇼: README	KCDF 갤러리
	전시 참여	한국현대문학관	시의 집 '하얀 바탕 위 검은 점들'	한국현대문학관
	가구 디자인	더북소사이어티	더북소사이어티 파티션 책장	더북소사이어티
2015	전시 디자인	정림건축문화 재단	움직이는 구조체 - 파빌리온씨	아르코 미술관 스페이스
	전시 디자인	계간 『GRAPHIC』	도서관 독립출판 열람실	국립중앙도서관
	전시 디자인	아르콘	명랑만보	인사아트센터
	공간 디자인	황주호	이경식당	서울시 용산구
	공간 디자인	자립음악생산 조합	51+	신도시 외
2016	전시 디자인	뉴프레스	영 서울 바이 포스트 서울	29센터
	전시 디자인	미디어버스, 로마 퍼블리케이션스	예술가의 문서들: 예술, 타이포그래피 그리고 협업	국립현대미술관
	전시 디자인	서울시립미술관	SeMA 전시 아카이브 1988 - 2016: 읽기 쓰기 말하기	서울시립미술관 서소문본관
	전시 디자인	워크스	과자전 LOVE & THANKS	코엑스
	공간 디자인	이동열, 최경주	아티스트프루프숍	서울시 마포구
	공간 디자인	소소문구	소소문구 쇼룸 & 오피스	서울시 중구
	공간 디자인	정은영	변칙판타지	남산예술센터

	전시 참여	김형진, 최성민 기획	그래픽 디자인, 2005~2015, 서울 '불완전한 리스트'	일민미술관
	공간 디자인	지산 밸리록 뮤직 앤드 아츠 페스티벌	SET v.5	지산 포레스트 리조트
	전시 참여	계간 『GRAPHIC』	풋업 앤드 리무브	플랫폼 플레이스 홍대점
2017	전시 디자인	워크스	과자전: 서울 케이크 위크 2017	서울시립미술관 북서울미술관
	전시 디자인	KCDF, 한국타이포그라피학회	타이포잔치 2017	문화역서울 284
	전시 디자인	국립한글박물관	소리×글자: 한글 디자인	국립한글박물관
	공간 디자인	섭스탠스	섭스탠스	서울시 용산구
	공간 디자인	유어마인드	유어마인드	서울시 마포구
	공간 디자인	이광무, 이찬희	캐비넷	서울시 마포구
	공간 디자인	유승호	캐주얼커피	서울시 강남구
	전시 참여	윤율리	시티 코르타니아	아카이브 봄
	가구 디자인	오혜	책장	오혜
	가구 디자인	윤한열	대충유원지	서울시 마포구
2018	전시 디자인	SM 엔터테인먼트	SM Makes !t	SM 셀러브리티센터
	전시 디자인	국립한글박물관	사전의 재발견	국립한글박물관
	공간 디자인	전홍필	바 스톤에이지	서울시 마포구
	공간 디자인	스튜디오 프로파간다	시네마스토어, 오피스	서울시 강남구
	공간 디자인	OTD, 컬쳐럴엔지니어링	성수연방 띵굴상점	성수연방
	공간 디자인	디스이즈네버댓	디스이즈네버댓	서울시 마포구
	가구 디자인	CAVA	Slanted Bar	서울시 용산구
	가구 디자인	펑션	캣타워	펑션

직업으로서의
공간 디자이너

인터뷰이: 김세중, 한주원 / 인터뷰어: 김홍구

1. 공간 디자인이라는 것

Q   스튜디오 씨오엠을 소개해달라.

한주원   공간 디자인 스튜디오다. 처음에는 미술 분야에서 전시
디자인 일을 많이 했다. 그러면서 알게 된 작가나 큐레이터로부터
전보다 큰 규모의 일을 의뢰받아 점차 활동 범위를 넓혔다. 요즘
만나는 의뢰인들은 초기에 마주쳤던 사람들과 결이 완전히 다르다.
그만큼 상업적인 프로젝트를 주로 하고 있다.

김세중   원래 이름이 그냥 '씨오엠(COM)'이었는데 사람들이
'콤'이라고 읽는 문제가 있어서 앞에 '스튜디오'를 붙였다. 이름 지을
때 각자 후보를 몇 개씩 정했다. 한주원은 대부분 록밴드 이름 같은
걸 가져왔다. 실버 마운틴이라는 둥…. 내 건 그냥 재미가 없었다.
그러다 문득 혼자 꿈을 키우던 시절에 지어놓은 이름이 떠올랐다.
컴퓨터로 작업해서 목공을 하니 '컴퓨터 목공'이라고 해볼까
생각했던 거다. 한주원과 고민 끝에 컴퓨터의 앞 글자를 따
씨오엠이라 부르기로 합의를 봤다.

한주원   컴퓨터 목공이란 말을 들었을 때 너무 '컴퓨터 세탁'
같아서 좀 더 원대한 꿈을 꿔보자며 반대했다.(웃음) 컴퓨터를
일본어로 '파소콤(パソコン)'이라고 하더라. 퍼스널 컴퓨터의
줄임말이다. 일본어를 엄청 잘하는 단골 아이스크림 가게 사장이
추천해서 거의 그걸로 될 뻔했다.

김세중   그 아이스크림 가게 이름이 '나이스크림'이었다. 사실

14

스튜디오 씨오엠 작업실. 씨오엠(COM)이라는 이름에서는 오차 없는 연산, 합리적인 프로세스 같은 것들이 연상된다.

컴퓨터 세탁 같은 뉘앙스가 좋긴 했다. 세탁하는데 컴퓨터를 어디에
쓰는지 아무도 모르지 않나?(웃음) 우리도 현장에서 손을 쓰는 일이
있지만 실제로는 컴퓨터로 작업하는 게 대부분이고. 이름 설명할
때마다 이렇게 우왕좌왕하다 보니까 이제는 뻔뻔하게
콤포지션(composition)의 약자라고 한다.

Q   둘은 어떻게 만나 같이 스튜디오를 차렸나?

김세중   오래 전부터 친하게 지냈던 워크스❶에 가구를 만들어준
적이 있다. 하루는 한주원이 워크스 작업실에 방문해서 자기소개를
하고 갔다고 하더라. 그때 한주원의 존재를 처음 알게 됐다. 그러다가
한 번 협업할 기회가 생겼는데 아쉽게도 무산됐고. 한참 뒤 추석
즈음해서 내가 다시 한주원한테 연락했다. 사교성이 없어서
누구한테도 절대 먼저 연락하지 않는 사람인데 최선을 다했다.(웃음)
독립해서 일할 계기를 찾고 있었으니, 마침 한주원과 같이하면
좋겠다는 생각이 계속 들었던 것 같다.

한주원   김세중이 대뜸 집에 찾아온 게 시작이었다. CNC❷로
가구 만들어볼 생각 없느냐고 물었다. 합판을 컴퓨터로 오려가지고
조립해서 만드는 거라고 했다. 자기가 할 수 있다고. 어떻게 보면
기술적으로 완전히 다른 걸 손에 넣은 거다. 마침 아르코미술관에서
열린 전시 《움직이는 구조체 – 파빌리온씨》(2015)의 공간 디자인을
함께 맡게 됐는데, 그걸 엄청 많이 연습할 수 있었다. 그때 처음으로
팀을 만들면 좋겠다고 생각했다. 당시엔 김세중이 회사 생활을 하고
있어서 낮에 내가 디자인을 해놓으면 저녁에 김세중이 이어서
작업하는 식으로 파일을 주고받으며 일했다. 누군가 집기의 특정

---

❶ 그래픽 디자이너 이연정·이하림의 디자인
스튜디오. work-s.org

❷ Computerized Numerical Control.
컴퓨터를 통해 정확한 수치로 재료를 절삭하는
공법.

《움직이는 구조체 ─ 파빌리온씨》전시장. 씨오엠 결성 이후 첫 프로젝트. 모든 집기를 현장에서 조립 가능한 형태로 만들었다.

부분을 디자인하면 다음 사람이 그걸 확대 적용시키고, 자연스럽게 착착 맞아떨어져 한 명이 디자인한 듯한 결과물이 나왔다.

김세중 합을 따질 겨를도 없었다. 그 프로젝트 끝나고 자연스레 함께 일하다가, 스튜디오 씨오엠으로 응한 첫 인터뷰에서 그동안 싸우지 않았느냐는 질문을 받고 '우리가 잘 맞구나' 깨달았다.

한주원 내가 의뢰인 앞에서 좀 지르는 성격이라면, 김세중은 그걸 구체화하는 이성적인 사람이다. 내가 사고를 치면 수습을 한다.

김세중 (한주원을 가리키며) 무조건 할 수 있다고, 다음 주까지 시안을 주겠다고 하는데, 사실 못 한다. 밤을 새우거나 주말을 버리지 않고서는. (한주원: 하하.) 몇 번 고생한 뒤로 그런 상황을 경계한다. 그리고 나는 워낙 조심성이 많아 모든 걸 신중하게 선택하는 편인데, 한주원은 아이디어가 떠오르면 곧장 공개해버리고 만족하는 타입이다. 그렇게 양쪽에서 페달 밟듯이 맞물려 굴러간다.

Q   공간 디자인이란 대체 무엇인가?

한주원   들어갔을 때 기분 좋고, 다시 가보고 싶은 공간을 만드는 게 아닐까? (잠시 생각) 한국에는 이상한 게 너무 많다. 나무인 줄 알았는데 필름이고, 대리석인 줄 알았는데 인조고, 바닥도 장판이고. 진짜와 가짜를 논한다기보다 그런 재료들은 너무 얄팍하지 않느냐는 거다. 미감과 단가를 바닥까지 떨어뜨린 걸로 채운 공간이 널렸다. 공간 디자인이라면 그렇지 않은 곳을 만드는 작업 같기도 하다.

김세중   한국 사람들은 특히 공간을 인식하는 감각이 발달하지 못했다. 통제 가능한 공간을 가진 사람 자체가 소수인 탓이 크다. 대부분 월세나 전세로 남의 집에 살거나, 부모 집에 계속 얹혀살며 취향 형성 기회를 놓친다. (취향 형성이) 어쩔 수 없이 뒤로 미뤄진다. 요즘 들어선 많이 변하고 있다. 이케아 ❸ 전후로도 상황이 바뀌었다. '이걸 사서 여기 두면 집을 꾸밀 수 있구나' 하는 개념이 확산되는 중이다. 마찬가지로 자기가 선호하는 공간에 대한 기준도 뚜렷해지고 평가도 더 구체적으로 할 수 있게 됐다. 공간 디자인에는, 그러한 감각으로 특정 공간에 어울리는 가구를 만들거나 바닥재를 고르는 것뿐만 아니라, 평면 계획을 세우고 설계하는 일도 포함된다.

Q   작업은 어떤 방식으로 이뤄지나?

김세중   《과자전: 서울 케이크 위크 2017》전시 디자인 프로젝트를 예로 들어 설명하겠다. '과자전'은 다양한 셀러가 참여하는 디저트

---

❸ IKEA. 스웨덴에서 출범한 글로벌 홈 퍼니싱 회사. 2014년 겨울 광명점을 오픈하면서 한국에 진출했다.

《과자전: 서울 케이크 위크 2017》 전시장. 스펀지와 파티클 보드를 층층이 쌓아 케이크 모양의 좌대를 만들었다.

마켓이다. 작년 여름 주최 측으로부터 서울시립 북서울미술관의 조그마한 전시장에서 판매 목적이 아닌 전시를 하게 됐다고 연락이 왔다. 이후 케이크를 전시하는 것으로 확정됐는데, 스펙터클이 생기는 종류의 전시품이 아니라서 자칫 재밌게 보이기 어렵겠다는 생각이 들었다. 케이크의 매력은 역시 먹어보고 단맛을 느끼는 것이니까. 어떤 해법이 있을까 고민하다 스펀지를 떠올렸다.

　　　매트리스나 쿠션에 들어가는 스펀지는 여러 가지가 혼합된 액체를 부풀려 만드는 데다가, 완성됐을 때 기포가 생기는 질감이나 색깔이 케이크에 들어가는 빵과 굉장히 유사하다. 케이크 자체가 빵과 빵 사이에 다른 재료가 들어가는 적층식 구조이기도 하니, 그런 부분을 건축적으로 풀어볼 수 있겠구나 싶었다. 스펀지와 스펀지 사이에는 부피와 밀도가 차이 나면서 다루기 쉽고 단단한 것이 들어가야 했는데, 파티클 보드❹가 적합했다. 가격이 저렴해 예전에 많이 썼는데, 잘라서 단면을 보면 질감이 쿠키처럼 바삭거린다. 그렇게 스펀지와 파티클 보드를 층층이 쌓아 멀리서 봐도 케이크 전시라는 걸 알 수 있도록 케이크 모양의 좌대를 만들었다. 좌대를 공간 안에 적절히 배치해서 관람 통로를 만들고, 좌대 모양을 세부 주제에 맞게 변주해 공간을 분리했다.

한주원　　공간 디자인이라고 하면 물리적인 작업을 떠올리기 쉽다. 벽을 세우거나 단단한 가구를 만들거나. 이 작업은 말하자면 그런 관념과 정반대에 있다. 재료의 질적 측면만 보면 스펀지는 산업 폐기물이다. 그 정도로 스펀지 그 자체를 쓰긴 힘들다. 디자인보다도 그걸 그대로 가져와 쌓아서 만든 점이 재밌었다.

❹ Particle Board, PB. 분쇄 후 재결합한
목재 양쪽에 하얀 필름을 붙여놓은 자재.

Q   작업 중에 의뢰인과 어떤 협의를 거쳤는지 설명해달라.

김세중   공간에 대한 이해가 부족할 때 상상하기 어려운 지점들이 있다. 우리는 공간 전문가로서 그런 부분을 함께 상의한다. 과자전 측과는 예전부터 워낙 친해서 얘기를 자주 나눴다. 시작은 "전시를 열게 됐는데 어떤 과자를 전시하는 게 좋을까?"였다. 전시 참여자들에게 자유롭게 뭔가를 만들라고 하면 대중없으니, 적어도 예상 가능한 부피를 가진 전시품으로 형식을 통일하면 좋을 거라고 제안했다. 그랬더니 케이크로 결정된 거다. 다음엔 몇 명이 참가할 것 같은데 케이크 사이즈는 어느 정도가 적당하겠느냐는 질문이 왔다. 그런 식으로 주고받으며 함께 전시를 만들어나갔다. 상업 공간의 경우도 마찬가지다. 카페를 한다고 치면, 시스템이나 음료 종류나 이런저런 아이디어를 내서 실제로 카페가 작동하는 방식에 관여를 많이 하게 된다.

Q   항상 제약이 뒤따를 텐데, 이 작업에선 무엇이었나?

한주원   전시 디자인은 대체로 예산이 1번이다. 디자인은 5번쯤 된다. 나머지는 논의의 과정이다.

김세중   예산과 직결되는 문제이긴 하지만, 전시장에 집기를 설치할 수 있는 시간적 여유가 얼마 없었다. 가능한 한 당일에 가져가야 했다. 그런데 어딘가에서 만든 다음 가져간다는 건 그만큼 인건비가 든다는 말이다. 스펀지 아이디어를 떠올린 데는 '현장에서 단숨에 원하는 높이와 부피를 얻을 수 있는 재료'를 고민했던 탓이 크다. 설치는 금방 끝냈다. 미리 재단된 스펀지와 파티클 보드를 수령해서 본드로 붙이고 착착 쌓았다. 그때 처음 알게 된 사실이 있다. 검정, 노랑, 분홍 등 스펀지 색깔이 다양한데, 각기 다른 탄성을 구분하기 위한 것이더라. 원래 겉으로 드러나는 재료가 아니니까.

한주원   전시 기간이 3일 정도로 대단히 짧았다. 특별한 피드백은
없었지만, 작업 이야기를 할 때 꼭 다루는 프로젝트가 됐다.
왜냐하면 잘 맞는 소재를 선택해 수월하게 진행했기 때문에. 적당한
에너지를 써서 적절하게 끝낼 수 있어 즐거웠다.

김세중   그동안 너무 어렵게 살았구나 생각했다.(웃음) 뜻밖이었던
부분은 케이크의 달콤한 향을 맡을 수 있었다는 것. 관객들이
전시장에 들어설 때 기분이 좋았다고 하더라.

Q   공간 디자인 스튜디오로서 씨오엠의 독보적인 지점은
     무엇이라 생각하는가?

한주원   대부분의 스튜디오가 실제 제작에는 관여하지 않는다.
설계하고 발주만 넣은 뒤 물건 받아서 설치하는 식이다. 우리는 정말
작은 것조차 처음부터 끝까지 하나하나 직접 만들어봤다. 그러한
경험이 지금 우리 색깔에 어느 정도 영향을 미치는 것 같다.

김세중   초반에 진행했던 프로젝트들은 특히 예산이 적었다. 그러다
보니 면적 대비 가격이 저렴한 재료를 선택할 수밖에 없었다. 잘 쓰지
않는 흐물흐물한 각재로 어떻게든 단단한 구조를 세우고, 집기를
짰다. 그렇게 조금씩 데이터를 쌓았더니 '이걸로는 이렇게 만들어야
된다, 이렇게 만들면 안 된다' 하는 게 손에 익었다. 값싼 재료 나름의
미감을 최대한 끌어내는 데 몰두한 경험에서 얻은 게 많다.

한주원   카페 만드는 프로젝트를 진행한다고 하면, 트렌드 분석을
한다고 최신 컬러와 소재를 깔아주고 타깃층을 잡아주고 이름까지
지어주는 경우가 많다. 일종의 브랜딩 포트폴리오를 주는 셈이다. 그
다음 3D 렌더링이 짱짱하게 돌아간 공간 이미지를 보여주는데
열어보면 굉장히 뻔하다. 자신들이 제안하는 것과 정확히 일치하는

참조 이미지가 같이 들어 있다. 그런 지점에서 확실히 다르다. 우리는 디자이너이기 때문에 (공간에) 이야기와 맥락을 만든다. 또 하나는, 앞서 얘기한 경험과 관련한 것일 수 있겠다. 어떤 집기를 제작할 때 우리는 최대한으로 구체적인 도면을 제공한다. 보면 누구나 만들 수 있을 정도로. A를 주문했는데 A'가 나오지 않도록, 원하는 걸 오차 없이 현장에 놓을 수 있도록.

2. 공간 디자인 프로세스

Q   평소 일과가 어떻게 되나?

한주원   10시에 출근하기로 했다. 지난주까지 칼같이 지키다가
요즘은 30분, 1시간씩 지각하고 있다. 퇴근은 항상 늦다. 보통 9시다.
여긴 두 번째 작업실이고 2018년 1월부터 썼다.

김세중   작업실에서는 디자인을 포함해 컴퓨터로 할 수 있는 모든
업무를 본다. 프로젝트는 보통 3개 정도를 동시에 진행한다. 거의
끝나서 마무리하고 있는 것, 한창 디자인 중인 것, 그리고 준비
단계인 것. 예전에는 작업실에서 뭘 만들어야 하는 일이 종종 있었다.
첫 번째 작업실을 구할 때만 해도 집기를 미리 조립해서 현장에
가져가는 경우가 많았다. 우리가 직접 움직이지 않으면 소화를 못
하는 예산의 일들이 주였기 때문이다. 그래서 곧장 짐을 내리거나
실을 수 있도록 차도 옆 1층, 뒷마당과 창고가 있는 곳을 선택했다.
이젠 그런 일의 비중이 거의 없어져 조용한 3층 자리로 왔다.

한주원   손재주가 뛰어난 것도 아니고 직접 만드는 걸 좋아하지도
않는다. (세중: 난 좋아하는데 잘 못한다.) 아무튼 여기로 온 건
의지의 표현이다. 카펫도 깔고…. 공구는 아직 창고 안에 다 있다.
그게 밖으로 나오는 순간 삶이 힘들어지는 거다.

Q   그러면 현장 업무가 특히 어렵겠다. 어떠한가?

한주원   현장에서 작업자랑 부딪히는 일이 있을 때마다 자아가

작업실. 컴퓨터로 할 수 있는 모든 업무를 처리한다. 보통 3개 정도의 프로젝트가 동시에 돌아간다.

박살 나는 것 같은 기분이 들었다. 내가 이러려고 디자인을 하나, 이렇게까지 해야 될 일인가, 회의감이 들 때가 많았다. 작업자가 거친 건 너무 당연하다. 일이 힘들고 덥고 춥고 하니까. 그런데 그 와중에도 좋은 사람이 있더라. 그런 사람들을 종목별로 찾아 팀을 꾸렸다. 페인트칠하는 분, 전기하는 분, 목공하는 분, 바닥하는 분 등등. 모두 찾기까지 너무 힘들었지만 이젠 확실히 부담이 덜하다.

김세중　대학교 졸업할 즈음에 지인 소개로 인테리어 스튜디오에 나갔는데 6개월 하고 그만뒀다. 나보다 나이도 경험도 많은 현장 작업자에게 훈계하면서 일을 끌어내야 했던 게 너무 어려워서. "나중엔 네가 변할 거다, 현장 자아가 생길 거다"라던 선배들의 조언도 크게 와닿지 않았다. 그런 사람이 되고 싶지 않았던 거였으니까. 스튜디오를 열고 우리가 원하는 방향으로 일하게 됐지만, 현장 컨트롤을 피할 순 없어 다시금 애를 먹었다. 온종일 싸우고서 돌아와 디자인하려고 앉으면 작업자 얼굴이 떠오르는 거다. '이렇게 하자고 하면 아저씨가 또 짜증을 내겠지?'(웃음) 처음엔 둘이서 어떻게든 지지고 볶으려고 많이 노력했다.

한주원　우리가 지지고 볶아졌다. 하하. 대부분 일을 십 년, 이십 년은 기본으로 한 사람들이다. 며칠 같이 있다 보면 우리한테 대뜸 그런다. "한주원 실장은 인테리어가 안 맞는 사람이야." 그렇게 마음이 여려서 어떻게 하겠느냐는 얘기다. 그런데 사실 그 사람이 나와 안 맞는 거다.(웃음) 그런 사람은 결국 일도 잘 못한다. 지금 함께하는 작업자들은 훨씬 능숙하고 자기 일에 자부심을 가지고 있다. 우리는 (감정 노동 없이) 디자인이 구현되도록 요청만 하면 된다. 그렇기 때문에 존중하는 마음이 많이 생긴다.

Q　일의 종류는 상업 공간과 비상업 공간으로 구분되나? 둘은 접근부터 다를 것 같다.

김세중　　그렇다. 상업 공간의 경우 의뢰인이 추구하는 바를 잘 구현해야 한다. 말 그대로 그 공간을 통해 이익을 내야 하니 형태나 내구성 측면에서 신경 쓸 게 많다. 비상업 공간은 대부분 전시 공간인데, 어떤 인상을 준다거나 전시품이 잘 보이도록 큐레이터와 논의하며 공간을 꾸려나간다. 우리도 전시에 대해 공부한다.

한주원　　상업 공간이라고 해서 공부가 필요 없다는 말이 아니다. 완전히 다른 식으로 한다. 옷 가게를 만든다고 치자. 그러면 현재 보유한 옷을 몇 벌까지 디스플레이할 수 있을지, 옷 사이즈는 어떻게 되는지, 어떤 스케일의 좌대가 필요할지, 여러 가지 세부 사항을 고려해야 한다. 오래 연구하다 보면 디자인이 자연스럽게 나온다. 전시 디자인의 경우, 큐레이터가 모아놓은 아카이브 자료가 있다. 대부분 엑셀 시트로 정리되어 있는데, 그걸 뽑아서 무슨 내용인지 열심히 파악한다. 또 항상 그래픽 디자이너와 협업한다. 그가 어떤 개념으로 전시 그래픽을 만들고 있는지 확인하면서 방향을 찾으려고 노력한다.

김세중　　상업 공간 디자인이 의뢰인의 욕망을 재해석하는 작업이라면, 전시 공간 디자인은 전시 맥락을 독해하는 작업이 아닐까. 그 부분에서 확실히 다른 것 같다.

　　　Q　　공간 디자인 작업의 보편적인 프로세스가 궁금하다.

한주원　　두 부류의 클라이언트가 있다. 한쪽은 뭘 하고 싶은지 확실하게 알고 있다. 무슨 가게를 할 거고, 어떤 인상을 주고 싶은지 이미 깊게 고민한 뒤거나 상품에 대한 전문 지식을 가진 이들이다. 다른 한쪽은 자기가 뭘 원하는지 전혀 모른다. "일단 만나서 논의해봅시다" 한다.

김세중   "생각 안 해봤는데 알아서 정해주세요." 그러면
심리적으로 힘들다. 이게 맞나? 뜬금없이 이런 걸 해도 되나?(웃음)

한주원   그 와중에 뭐라도 하나 찾아서 증폭시켜 디자인하다 보면
확신이 들 때가 있다. 그럼 일사천리인데, 그걸 탐색하는 게 어렵다.
앞서 말한 보통의 인테리어 사무소가 상권이랑 트렌드 분석부터
해주는 이유는, 내가 볼 땐 신뢰할 만하지 않지만, 자기가 원하는 게
무엇인지 모르는 사람들에게 당신이 원하는 게 무엇인지에 대한
이야기를 해주기 위해서다.

Q   의뢰가 실현 가능한지 파악하는 과정이라 할 수 있나?

김세중   그렇다. 처음 연락이 오면 당연히 일정부터 체크한다.
소화할 수 있을지 확인한 뒤 비용 얘기를 하는데, 두 부류에 따라
견적 나오는 시점이 좀 다른 것 같다. 하고 싶은 게 분명한
의뢰인이라면 먼저 예산 범위를 공유하고 그 안에서 협의가
가능할지 묻곤 한다. 그걸 바탕으로 협의해서 전체 예산을 책정한다.
그 반대의 경우는 보통 견적부터 빨리 달라고 한다. 처음엔 굉장히
당황했다. 디자인이 없는 상태에서 견적을 내는 게 말이 안 되니
어떻게 할까 싶었는데, 이제는 받아들이고 그동안 진행했던
프로젝트를 예로 든다. 이 정도 평수를 어떤 용도로 했을 때 얼마나
나왔는지, 위험하지 않은 범위에서 가견적을 얘기해준다. 그런데
디자인하다 보면 욕심이 생겨서 추가될 때도 있고, 갑자기 사정이 안
좋아져서 줄여야 될 때도 있다.

Q   의뢰인 스스로 무엇을 원하는지 잘 알 경우, 디자인
     작업은 어떻게 이뤄지나?

김세중   연희동의 서점 유어마인드(2017)와 동교동의 카페

동교동의 카페 캐비넷. 에드워드 호퍼의 그림 한 점과 윤향로의 그림 한 점에서 출발한 프로젝트다. 캐비넷 카운터에는 의뢰인이 공간 디자인의 출발점으로 제시했던 두 그림 중 하나인 윤향로의 작품이 걸려 있다(114쪽 참조). 사진: 텍스처 온 텍스처

캐비넷(2017) 프로젝트를 예로 들겠다. 유어마인드는 A4 두 장 분량의 글을 보내왔다. 이전 공간에서 불편했던 점, 새 공간에 반영되길 바라는 점, "고양이가 셋", 이런 구체적인 이야기가 적혀 있었다. 본인이 할 수 있는 걸 한 거다. 캐비넷은 에드워드 호퍼의 그림 한 점과 윤향로의 그림 한 점, 그리고 그래픽 디자이너 신신(신해옥, 신동혁)과 개발한 전용 서체를 준비했다.

한주원   캐비넷의 경우 두 그림에서 영감을 받은 공간이면 좋겠다고 하여 거기서 출발한 셈이다. 그렇게 의뢰인이 먼저 어떤 제안을 하면 우리가 할 수 있는 것과 할 수 없는 것을 구분하고, 그걸 우회하는 다른 안을 제시했다. 또 우리가 뭔가를 제시하면 의뢰인이 거기 디테일을 추가했다. 그런 식으로 왔다 갔다 했다. 햇빛이 많이 들어오는 쪽과 적게 들어오는 쪽의 벽면 색을 약간 다르게 칠해 같은 색으로 보이길 원했던 것이 기억에 남는다. 색상환에서 거의 한 칸 차이 정도로.

김세중   그렇게 상세한 정보를 주는 경우도 있지만 아닌 경우가 더 많다. 그런데 막연한 설명도 도움이 된다. 어느 나라에서 볼 수 있을 법한 장면이라든지, 좋아하는 색이라든지, 상호에 얽힌 사연이라든지, 모두 힌트를 준다. 거기서 이미지로 만들 만한 요소를 캐치한다. 그리고 이젠 (씨오엠의) 포트폴리오도 좀 쌓였으니 그중에서 뭐가 좋은지, 어떤 공간에 가봤는지, 왜 우리에게 이 일을 맡기는지 물어본다. 그런 식으로 첫 시안의 시행착오를 줄이려고 노력하는 편이다.

Q   시안을 준비할 때 가장 고민하는 점은 무엇인가?

김세중   항상 부딪히는 게 소재다. 그간 합판을 많이 썼고 반응도 좋았는데, 이제는 합판을 사용해달라는 요구는 가급적 피하려고 한다. 재료가 같으면 비슷해 보이는 측면이 있기 때문이다.
포트폴리오의 흐름을 생각해서 첫 시안은 써보고 싶은 새로운
재료로 디자인한다. 통과되면 안 써본 재료를 쓸 수 있는 거고, 그게
아니면 바로 의뢰인의 요청에 맞춰 다음 시안을 잡는다. 한두 번
정도는 그렇게 헛다리 짚는 것도 재밌다. 다음 프로젝트에 영향을 줄
만한 요소를 테스트해볼 수도 있고. 그 다음부터는 매주 만나서
협의한다. 요즘엔 완성된 이미지보다 덩어리나 색만 있는 스케치
단계의 이미지부터 보여준다. 그래서 준비가 거칠 수 있다고 양해를
구한다. 대신 여기서 (틀을 잡고) 적용한 것으로 많은 변화를 줄 수
있다고 얘기한다. 첫 시안을 본 클라이언트가 활짝 웃으면 보통
2-3주 안에 끝난다. 다른 문제가 끼어들지 않고 협의가 제때
이뤄지면 금방 끝나는데, 그게 아니면 4주가 넘어간다. 그리고
시안은 그때그때 하나만 준비해서 최대한 자주 만나는 편이다.

한주원   보통 6차까진 간다.

김세중   파일 번호로 치면 시안을 한 번 만들 때마다 십몇 번까지
올라간다. 클라이언트와 주고받는 것처럼, 나와 한주원 사이에서도
디자인 파일이 오고 가니까. (두 팔을 교차하며) 파일이 막 이렇게
뻗어 나가다가 하나로 뭉쳐지고 다시 뭉쳐지는 식이다.

Q   시안을 승인받은 다음엔 뭘 하는가?

김세중   최종 시안이 나오더라도 치수 등 상세한 부분에서 협의할
게 남아 있다. 책장을 예로 들면, '실제로 어떤 판형의 책들이 꽂혀야
되니 이 정도 사이즈가 좋겠다' 하는 걸 서로 확인하는 과정이다.
그런 준비를 하면서 시공을 위한 설계 작업을 진행한다.

한주원   디자인 단계에서 스케치업❺으로 공간의 윤곽을

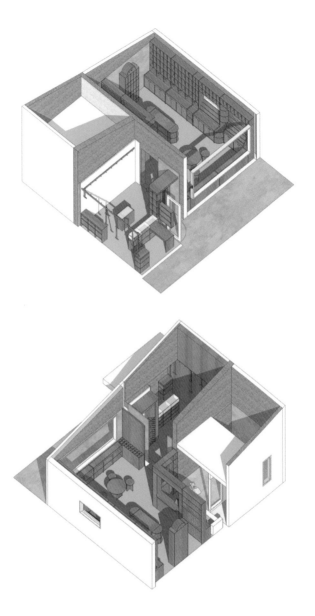

연희동의 서점 유어마인드의 최종 시안. 파일 번호가 37번까지 갔다. 이처럼, 디자인 단계에서는 스케치업으로 공간의 윤곽을 잡은 시안을 주고받는다.

잡는다면, 설계 작업은 각 분야별 시공사에게 우리 디자인을 실제로 구현하도록 그림을 그려주는 단계다. 누가 봐도 만들 수 있게 그려야 한다. 그게 일주일 이상 걸린다. 각각의 시공사끼리 협의를 해야 하는 부분도 있다. 예를 들어 콘센트가 들어가는 테이블이라면 전기 파트와 가구 파트가 연결되어야 하니, 다 약속을 정해야 한다. 이때 머리가 제일 아프다.

Q   유어마인드 공간 디자인 작업에 대해 의뢰인과의 대화를 담은 책에서 스튜디오 씨오엠이 그린 집기들의 조립도를 봤다. 그것처럼 일종의 설명서를 만드는 단계인가?

김세중   맞다. 그런데 그 경우는 과정이 단순했다. 여러 시공사가 얽힌 게 아니라 오직 목수 권구광(쿠목공소)과 작업했다. 그 조립도는 우리가 보려고 만든 것도 아니고, 의뢰인 주려고 만든 것도 아니고, 실제로 집기를 만들 사람에게 설명하기 위해 만든 것이다. 한정된 예산 안에서 최대한 밀도 높은 디자인을 만들어내기 위해 그런 선택을 했다. 쉽게 말해 돈을 시간으로 바꾼 것이다. 책장 하나를 만든다고 하자. 보통 3D 이미지에 큰 틀의 치수만 표시해서 목수에게 넘긴다. 그런데 책장 구조를 낱낱이 풀어서 치수를 하나하나 표기한 다음, CNC로 재단까지 완료된 나무와 함께 목수에게 보내고선 조립만 해달라고 하면, 설계에 들이는 시간은 길어지지만 단가는 많이 줄일 수 있다. 하지만 그런 방식으로 계속 일하기는 어렵다. 예산은 넉넉한데 시간이 없다면, 공장에 맡기는 게 오히려 합리적이다. 다른 걸 준비할 시간을 벌기도 하고. 그러한 프로세스 측면에서 과도기에 있던 상태가 폭발하면서 나온 게 유어마인드 작업이다.

❺ SketchUp. 3D 모델링 프로그램.

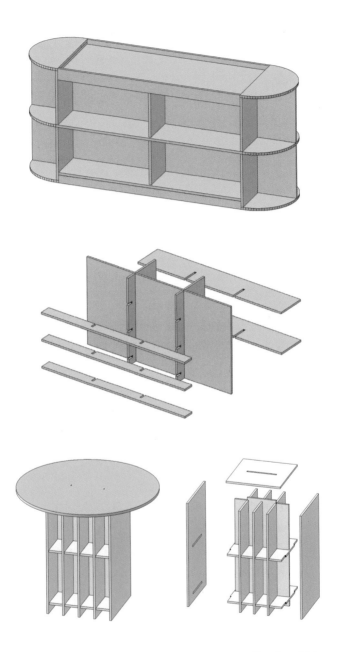

유어마인드 집기의 조립도. 설계 단계는 디자인이 실제로 구현되도록 그림을 그려주는 단계다.
누가 봐도 만들 수 있게 한다.

Q   시공 단계에 관해 설명해달라.

한주원   설계 단계에서 그린 도면을 현실로 끄집어내 현장에
설치하는 과정이다. 가장 어렵고, 시간이 많이 들고, 금전적 손해를
입을 수 있어 스트레스가 높은 구간이다. 시공은 여러 분야의
공정으로 나뉘는데, 먼저 현장에서 불필요한 부분을 떼어내는 철거
작업이 선행된다. 남겨돼야 할 곳과 아닌 곳을 잘 구분해야 하는데,
시작할 땐 잘 모른다. 계속 보면서 결정하는 게 필요하다. 그 다음은
배관, 전기, 목공, 가구, 통신, 도장 등이다. 순서는 매번 달라 겹쳐서
들어가야 할 때도 있고, 어떤 공정에 반드시 (단독적인) 시간을
내줘야 할 때도 있다. 처음엔 순서가 있는 줄 알고 데이터를
내봤는데, 어느 정도 체득하기 전까지는 알 수 없더라.

김세중   각 공정별 작업자가 현장에 들어오고 나가는 일정을
정확하게 짜는 것이 중요하다. 예를 들어, 벽을 완성하려면 마감
전에 전기 배선을 심어놔야 한다. 목공 팀이 벽을 치는 와중에 전기
작업자를 투입해야 제때 마무리되는 것이다. 그걸 놓치면 다음
작업자 투입이 또 미뤄지고 일정이 무기한 늘어나게 된다. 각각의
공정이 공장에서 이뤄지든 현장에서 이뤄지든 따라다니면서
검사하는 것도 중요하다. 기본적으로 현장 환경은 3D 이미지와
다르다. 컴퓨터 프로그램상에서는 수직 수평이 백 프로 맞다. 바닥도
평평하고. 현장은 그렇지 않기 때문에, 여러 가지를 체크해서
우회할지 돌파할지 결정하고 협의한다.

Q   어느 단계보다 시행착오가 많을 것 같다.

한주원   현장 작업자가 쓰는 업계 용어가 있다. 그걸 많이 알아야
구체적인 내용까지 협의해서 마감이 잘 나오게 할 수 있는데, 처음엔
일부러 못 알아듣게 말하는 건가 싶을 정도로 이해가 안 됐다.

그렇다고 그냥 아는 척하는 건 망하는 지름길이다. 덥고 습하고 춥고 얼어 죽겠다고 "네, 네, 그렇게 해주세요" 하면 정말 처음 보는 게 되어 있을 수 있다.

김세중 잠깐 자리를 비운 사이에 진행된 일들의 여파가 나중에 밀려온다. 한눈판 사이에 벽 마감을 다른 걸로 해버린다거나. 한번은 밥을 먹고 왔더니 합판으로 마감한 벽이 하얀색으로 돼 있었다. 현장에서 페인트 작업을 하는 도장공에게 합판은 그냥 건축재인 거다. 마감재가 아니라. 그래서 전부 다시 했는데 처음처럼 좋지 않았다. 그런 식으로, 지시하는 과정에서 발생하는 변수가 모든 것에 영향을 준다.

한주원 앞선 과정은 우리만 잘하면 되는데, 현장에서는 준비를 최대한으로 해도 알 수 없는 일들이 벌어지기 때문에 정신을 잘 차려야 한다.

김세중 기나긴 프로젝트의 마지막 과정이라 우리도 이미 지쳐 있고, 결과에 영향을 가장 많이 주는 부분이라 줄곧 예민한 상태다. 아무리 디자인을 잘해도 현장에서 엉망으로 만들어버리면 소용이 없어지니까.

Q 프로젝트의 각 단계에서 가장 중요시하는 부분은 무엇인가?

김세중 의뢰가 들어왔을 때는 이 일로 인해 다른 일에, 혹은 우리 건강에 차질이 생기진 않을지 검토한다.(웃음) 그 이후엔 실제 공간 컨디션을 잘 살핀다. 실측하면서 몸을 통해 높이나 위치를 파악하는 걸 중요하게 생각한다. 도면은 항상 요만하니까. 그러고는 견적을 잘 내는 것. 나중에 손해를 보지 않도록, 너무 저렴한 비용으로 진행해서 시장에 나쁜 영향을 끼치지 않도록 한다. 클라이언트가 기업형이라거나 결정권자와 바로 접촉할 수 없는 형태라면 그

부분에 대한 리스크도 감안한다. 디자인할 때는 나도 모르게 카피를 하고 있는 건 아닌지, 유행을 타는 재료를 쓰고 있는 건 아닌지 예민하게 고려하는 편이다.

한주원　우리가 싫어하는 건 아닌데, 애초에 절대 쓰지 말자고 정한 재료가 있다. 대리석, 황동, 신주(구리와 아연의 합금). 많이 쓴다 싶은 재료는 일단 배제하고 시작한다.

김세중　요즘은 합판. 너무 기본적인 재료라서 유행할 수 없다고 생각했는데 유행으로 인식되고 있다. 그런 걸 피하려고 한다. 디자인을 고집하다가 공사 난이도나 제작비를 너무 올리고 있는 건 아닌지 생각하기도 한다. 항상 결론은 안 나지만 과연 '씨오엠스러운' 작업을 하고 있나 많이 고민한다. 예전에는 예산이 워낙 한정적이어서 그런 생각을 할 겨를이 없었는데, 그 부분에서 어느 정도 자유를 얻으니까 고민이 되더라. 가령 의뢰인이 인스타그래머블❻을 요구했을 때, 거기서 씨오엠을 어떻게 찾을 것인가.

❻ Instagramable. 여기서는 SNS 인스타그램에서 화제가 될 만한 공간을 의미한다.

Q   예산이 적은 프로젝트에서 값싼 재료를 사용하며
     실험했던 경험이 데이터베이스가 됐다고 했다. 그 부분을
     자세히 설명해달라.

한주원   주로 전시 디자인 일이었다. 먼저 해당 전시품을 버틸 수
있는 가장 싼 자재가 무엇일지 찾아본다. 그러면 뻔하다. 합판이랑
각재뿐이다. 그걸 써야 되는 건데, 돌이켜보면 굉장히 좋은
연습이었다. 면이랑 선이니까, 부피도 만들 수 있고 비례감도 익힐 수
있었다. 합판과 각재는 두께도 다양한데 3㎜ 차이가 인상을 확
바꾼다. 일정 크기 이상이면 15㎜ 두께로 만드는 게 예쁘고, 이하면
12㎜ 두께로 만드는 게 좋다. 중요한 건, 이렇게 디자인을 풀어내는
과정은 어느 소재건 비슷하다는 사실이다. 비싼 알루미늄일지라도
두께가 너무 얇진 않은지, 폭이 너무 넓진 않은지, 쓸데없이 무거워
보이진 않는지 등을 파악하는 데 당시 연습했던 감각이 쓰인다.
캐드(CAD)로 도면만 그려서 넘기는 디자이너였다면 그 훈련이 전혀
안 됐을 거라고 생각한다.

김세중   예산이 이미 정해져 있으니까, 책상을 만들어야 하면
전화해서 물어본다. "합판 한 장에 얼마예요?" 계산해보고 안 맞으면
MDF❼를 쓴다거나, 합판은 (마감을 해야 돼서) 인건비와 시간이
드니까 필름이 붙어서 나오는 파티클 보드를 쓴다거나. 결국

❼ Medium Density Fiberboard. 중밀도 섬유판. 나무 부스러기와 접착제를 섞어 / 압착해 만든 목재. 파티클 보드에 비해 입자가 세밀하다.

마지막에 남는 재료를 선택해서 최대한 예쁘게 만들 방법을 계속 연구하는 거다. '이번에도 이걸 쓸 수밖에 없지만 두께를 살짝 달리해서 재밌는 인상을 줘보자' 하는 식으로. 그때 습관이 들어서 지금 비싼 재료를 쓸 때도 비슷하게 생각한다. 언리미티드 에디션**❽**에 참여했을 때 판매한 '템플릿 룰러(Template Ruler)'도 그러한 편의를 위해 제작한 것이었다. 합판, 각재, 파이프, 피스(나사못)의 규격을 간편하게 측정하고 비교할 수 있는 일종의 모양 자였다. 우리가 쓰려고 만든 거다.

Q   스튜디오 씨오엠의 시그니처는 무엇이라고 생각하는가?

한주원   어떤 분이 우리가 작업한 아티스트 프루프 숍(2016)을 보고 나서 해준 말이 기억난다. 가구들이 특이하게 생겼는지 "공예적이다"라고 했다. 엄밀한 의미에서 전혀 공예적이진 않지만 왜 그렇게 얘기했는지는 알 것 같다. 곡선을 특이하게 넣는다든지, 그런 시도를 한다. 또 그걸 직접 만들어본 경험에서 나오는 어떤 뉘앙스가 분명히 있다. 무색무취한 걸 피하려 하고.

김세중   조각적인 부분을 넣고 싶어 하는 것 같다. 묵직함을 주면서도 어떤 부분엔 깎아서 만든 듯한 형태를 넣는다거나. 조소나 식물이 할 수 있는 역할이 있지 않나. 그런 걸 집기에 넣으려고 하는 편이다. 용도는 없지만 단조로움을 줄여주는.

한주원   연남동의 카페 대충유원지의 가구 작업(2017)을 예로 들어 말해본다. 의자를 테스트로 제작했을 때는 등받이가 지금보다 낮았다. (김세중: 상식적인 높이였다.) 스케치업이나 3D

❽ UNLIMITED EDITION. 2009년부터 서울에서 해마다 개최되고 있는 아트북 페어. 출판을 중심으로 다양한 분야의 아티스트가 참여해 에너지를 발산하는 장이다.

연남동의 카페 대충유원지. 가구 작업을 맡았다. 애초 계획보다 의자 등받이 높이를 훨씬 높였다.
사진: 텍스처 온 텍스처

이미지상으로는 그 높이가 괜찮았는데, 실제로 그것이 줄지어 들어선 모습을 상상하니 시각적인 요철이 별로 없는 거다. 그래서 등받이를 굉장히 많이 높였고, 그마저 부족해서 엘피 수납 기능이 있는 커다란 장을 하나 추가했다. 그게 공간에서 어떤 역할을 하느냐면, 첫인상을 결정짓는다. 우리는 스케치업으로 밑바탕을 그려놓고 입구에서 바라보는 장면에서 시작한다. 실제로 답사를 가도 먼저 (공간의) 얼굴이 어디일지 찾는다. 사진 촬영에서 구도 배치하는 것과 비슷하다.

김세중　한주원이 무대 미술을 전공해서 그런지 모르겠는데, 항상 신(scene)에 집중하는 것 같다. 무대도 한 방향으로 설정돼 있지 않나. 그런 장면을 공간 입구 쪽에 설정해두고 시선이 걸리는 윤곽을 고려한다든지, 그런 데서 균형을 잡으려는 편이다.

　　Q　그것을 디자인으로 옮길 때 중요하게 여기는 점은 무엇인가?

한주원　사람들이 디자인을 왜 이렇게 했는지 물어볼 수 있다. 좀 전에 이야기한 의자가 왜 성당 의자처럼 생겼는지 물어보면 대답할 수 있는 게 중요하다고 생각한다. 대충유원지의 경우, 합판으로 만들어달라는 요구가 먼저 있었다. 그런데 클라이언트가 항상 중절모를 쓰고 나타나는 게 특이했다. 그래서 그 모양을 가져온 것이다. 대단한 이유는 아니지만, 그 정도만 재밌어도 괜찮은 것 같다. 카페에서 심각한 논리를 찾는 것도 말이 안 되고. 프로파간다 출판사가 주최한 전시 《유용한 책과 더 나은 생활》(2014)의 공간 디자인을 한 적이 있는데, 나도 그래픽 디자이너도 근거를 찾느라 애를 먹었다. 결국 전시품 가운데 가장 두꺼운 하드커버 책을 테이블 상판과 다리의 이음새로 썼다. 유용한 책이니까, 그걸로 만족했다.(웃음)

전시 《유용한 책과 더 나은 생활》의 테이블. 전시품 중 가장 두꺼운 책을 테이블 상판과 다리의 이음새로 사용했다.

Q   표현 면에서 어떤 시류에 가장 영향을 받았나?

한주원   처음 스튜디오를 시작할 때 소목장 세미 ❾, 노네임 노샵 ❿, 길종상가 ⓫, 킷-토스트 ⓬ 의 작업에 영향을 많이 받았다. 길종상가가 자기 가구에 쓰인 소재나 두께 등을 기록해 엮은 책이 있다(『길종상가 2011』). 그걸 항상 책장에 꽂아두고 시시때때로 열어보면서 '아 테이블 두께는 18㎜ 정도가 돼야 하는구나' 했다. 소목장 세미 작업을 보면서도 '아 저런 마감을 쓸 수 있구나' 배웠고. 마키시 나미 ⓭ 도 예전부터 알았는데, 본격적으로 작업을 시작한

❾ 유혜미의 가구 디자인 스튜디오.
smallstudiosemi.com

❿ 김건태·김종범·전지향·박경옥·이혜연으로 구성된 디자인 그룹. nonamenoshop.com

⓫ 박가공·김윤하·송대영의 아티스트 콜렉티브. 박길종은 이 상가의 관리인이다. bellroad.1px.kr

⓬ 김보경·김청진의 가구 제작 프로젝트. kit-toast.com

⓭ Makishi Nami. 일본의 가구 디자이너. 한국에서 몇 번의 전시를 진행했다. 디자인 스튜디오 루프트(Luft)를 운영한다. luftworks.jp

이후에는 그분 전시 오프닝에 가서 뻔뻔하게 질문하기도 했다.
마감재는 뭘 썼는지, 한국에서 구한 합판인지. 친절하게
대답해주셨다.(웃음) 정말 어글리 코리안이었다.

김세중 　나도 마찬가지인 것 같다. 대학교 졸업을 앞둔 시점에서
길종상가나 소목장 세미를 알게 됐다. 그땐 학교 선배들의 경로만
보였다. 대기업이나 건축 사무소에 다니다가 나중에 독립해서 자기
회사를 차린다거나. 졸업 후 경험 쌓는 시간을 중요하게 얘기하면서
취직 준비에 휩싸여 살다가, 어느 날 그들의 작업 방식을 보고는
아차 싶었다. '아무것도 없는 상태에서도 작업을 이어나가며 살 수
있구나…' 지금 거론된 작업자들도 비슷한 고민을 했을 것이다. 그런
맥락에서 재료 선택 등에 공통점이 있다. 을지로에서 쉽게 구할 수
있고, 다루기도 쉬운 것들. 그런 재료로 최대한의 미감을 내는
작업들을 보면서 내가 우물 안 개구리처럼 살고 있다는 걸
깨달았다. 가구 하고 싶다면서 맨날 인터넷으로 외국 디자이너들이
만든 아트 퍼니처나 찾아보고 괴리감을 느끼곤 했다. 그때 처음 그런
게 머릿속에 들어왔고, 다른 방식의 길도 있다는 것을 알게 됐다.

한주원 　나는 그래픽 디자인의 영향도 많이 받았다. 무대 미술
전공이라서 대학로 공연 포스터를 자주 봤는데, 학교에 그런 게 붙어
있는 걸 보면 너무 끔찍했다. 포토샵으로 대충 만든 것 같고. 그
와중에 《고래: 시간의 잠수자》라는 퍼포먼스 겸 전시 포스터를 본
게 아직도 기억난다. 말도 안 되는 포스터들 사이에 그게 붙어
있었다. 그런 그래픽을 보니 충격을 받았다. 궁금해서 찾아봤더니
워크룸 [14] 이 만들었더라. 어떻게 똑같은 콘텐츠를 가지고 이렇게
만드는지 싶었다. 휴학하고 시각 디자인 수업을 들었다. 완전히 다른

[14] 서울 종로구 창성동에 위치한
출판사 겸 그래픽 디자인 스튜디오.
workroompress.kr

세상이었다. 그리고 애인이 세련된 거 보고 다니라고 강제로 끌고
다녔다.(웃음)

Q   앞서 영향을 받았다고 언급한 작업자들과 현재
     씨오엠의 궤적에는 어떤 차이가 있다고 생각하나?

김세중   다들 디자이너로 활동하고 있지만 작가로서의 지위도
획득했다. 지금 우리는 오히려 번듯한 공간 디자인 스튜디오를
운영하는 것에 더 관심이 있는 것 같다. 그리고 결정적인 차이는,
길종상가나 소목장 세미의 경우 직접 만드는 것에 즐거움을 느끼는
것 같다.

한주원   우린 '메이커'는 아니다. 작년, 스튜디오 씨오엠의 개인전
《시티 코르타니아》(2017)에 이런 의도가 조금 있었다. (직접 만드는
데 큰 가치를 두는 작가들과는 다른) 우리만의 미감을 하나
밀어붙여볼까? 그럼 우리는 이 재료를 가지고 최대한 복잡하고
장식적으로 가보자.

김세중   실용성을 떠나서 우리 작업들의 형태나 제작 방식을
증폭시켜서 만들어보자.

한주원   우리 취향이라기보다는 그런 걸 한번 실험해봤다.
길종상가의 경우는 어떤 의미에서 완벽한 표본이다. 작가인 동시에
상업적인 일도 하고. 소목장 세미 역시 여러 자아의 균형을 맞춰가며
잘 활동하는 것 같다.

Q   당신 둘은 어떤 방식으로 함께 일하나?

김세중   구성원 각자가 개별적으로 프로젝트를 진행하고 스튜디오

아카이브 봄에서 열린 개인전 《시티 코르타니아》. 그동안의 조형 언어와 제작 방식을 극단적으로 과장시켜 '코르타니아'라는 가상의 도시로 불러냈다. 사진: 조재무, © 아카이브 봄

차원에서 포트폴리오를 공유하는 경우도 있겠지만, 우리는 그보다 좀 더 긴밀하게 일한다. 먼저 의뢰인을 최대한 같이 만난다. 현장을 확인하고는 대화하면서 합의점을 향해 많은 걸 공유한다. 인상에서부터 방향, 재료 등을 계속 이야기하다가 어느 정도 공감이 형성되면 그때 각자 스케치를 한다. 바쁠 땐 한 명이 하고 다른 한 명이 옆에서 감 놔라 배 놔라 한다.(웃음) 작업실 테이블이 바로 옆에 붙어 있다 보니까 숨기는 거 없이 바로바로 보면서 묻는 편이다. 서로 피드백을 할 때는 감정 없이 받아들이려고 노력한다. 그렇지 않으면 사실 둘이서 일할 필요가 전혀 없다. 파트너의 미감을 신뢰하니까 약간 의구심이 들더라도 빠르게 수긍한다.

한주원　첫 번째 미팅에는 보통 각자가 그린 걸 하나씩 가져간다. 물론 '나는 이쪽 너는 저쪽' 방향을 나누고 그린다. 의뢰인에게 누구 거라고 얘기하진 않는다. 보통 하나가 선택되는데, 그러면 나머지에서 좋았던 부분을 가져다 붙인다. 다음부터는 이 파일을 다시 나눠서 각자 발전시키고 또 합치는 과정을 반복한다. 예를 들어 술집이라면, 김세중이 바를 그리고 나는 의자를 그리는데, 톤이 너무 다르면 안 되니까 중간중간 합쳐보면서 조정하는 것이다. 결과적으로 디자인이 상향 평준화된달까? 사실 굉장히 비효율적인 방식이다. 그리고 상호 믿음이 있어야만 가능하다. 작업 중에 가차 없이 "그거 별로니까 그만하고 다른 거 하라"고 한다. 그러면 그냥 다른 거 한다.(웃음)

Q　그만큼 서로를 신뢰한다는 건가? 왠지 씨오엠이라면 상대방의 아이디어를 피드백하면서 '근거'를 빠트리는 일이 없을 것 같은데.

김세중　구체적인 이유를 들면서 평가하는 게 오히려 비효율적인 방식일 때가 있다. 딱 봐도 아닌데, 굳이 조목조목 따지면 시간도

작업실. 테이블이 옆에 붙어 있어 화면을 공유하며 바로바로 의견을 주고받는다.

에너지도 더 든다. 그리고 둘 다 말귀를 잘 못 알아들어서 말이
길어지면 '좋다는 건가?' 이렇게 된다.(웃음)

한주원   '살릴 수 있다는 건가?'(웃음) 만약 의뢰인이나 관계자가
얽혀 있는 회의 자리라면 대안이나 개선 방안에 대한 이야기가
후속으로 나와야겠지만, 어차피 우리 둘만의 디벨롭(development)
단계이기 때문에 괜찮다. 그리고 그 단계에선 한 명이 헤매고 있으면
반드시 다른 한 명이 신속하게 말해줘야 한다. 이상한 데서 삽질하고
있다는 말을 들으면 그게 맞다. 삽질하고 있었다.

김세중   가령 '동그라미를 그리자'는 합의가 있었는데도 뭔가
이상한 걸 덧붙이고 있으면 그렇게 하지만, 애초에 '왜
동그라미인지'에 대해서는 당연히 깊게 의논한다. 그런데 회의하는
것처럼 마주보고 앉아서 시작하진 않고, 택시에서나 현장에서나
식당에서나 생각나는 대로 얘기하다가 머릿속에 떠오르는 걸

스케치업에 그리면서 시작하는 편이다.

> Q 둘 사이는 어떤가? 사적인 만남은 갖지 않는다고
> 했는데, 거리두기의 원칙 같은 게 있나?

한주원　일단 취미가 너무 달라서 일 끝나고 같이 할 게 없다. 나는
술 마시고 음악 듣는 걸 좋아한다.

김세중　난 집에 있는 게 좋다. 앉아서 고양이랑 놀고, 쉬고, 자고,
'젤다의 전설'도 하고.

한주원　유일하게 친해졌던 계기가 닌텐도 스위치 샀을 때. '마리오
카트' 전적이 499대 499다.(웃음) 진짜 실력이 똑같다. 그거 말곤
공유한 게 없다.

김세중　친구 관계에서 시작한 것도 아니고, 주변에서 친구끼리
편하게 대하면서 일하다가 싸우는 경우도 종종 봐서 처음에 정한
룰이 유지되는 것 같다. 우린 동업자니까 서로 존대하자고. 사실
이제는 상징적인 것만 남았다. 둘이 고생을 너무 많이 해서, 반말만
안 할 뿐이지 거의 욕을 하는 수준으로 대화할 때가 많다. 그리고
밖에서 안 만난다 해도 온종일 작업실에 같이 있기 때문에 큰
의미는 없다. 진짜 먹고 싶은 게 있을 때는 회식을 한다. 암말 없이
실컷 먹고 한주원은 맥주 마시고 나는 콜라 마시고 집에 간다.

> Q 직원을 영입했다. 언제 일손이 부족하다고 느꼈나?

김세중　학생 인턴 제도로 몇 명과 같이 일한 적이 있다. 그런데
상업 공간을 맡는 일이 늘어나면서 버거움을 느끼다 보니, 우리를
보조해줄 사람 말고 우리보다 잘하는 사람이 있으면 좋겠다는

생각이 들었다. 그래서 지인 추천으로 두 명의 이력서를 받았는데, 신명근이 눈에 띄었다. 3년간 현장 업무를 본 경력이 있었다. 그때 깨달았다. '아 우리가 부족한 게 이거였구나.' 그때부터 직원으로서 같이 일하고 있다.

Q   지금은 현장 업무가 완전히 분담됐나?

김세중   80프로 이상 분담이 된 것 같다. 현장은 한 명이 맡는 게 효율적인 탓도 있다. 어느 한쪽과 소통이 안 되거나 그때그때의 정보가 하나라도 누락되면 곧장 충돌이 생기니, 한 명이 현장을 완전히 컨트롤하고 나머지가 보조해주는 방식이 좋다. 신명근이 자기 역할을 해주니 그만큼 디자인 퀄리티를 끌어올리기도 수월해졌다.

한주원   예전 같았으면 현장에 무조건 노트북을 들고 갔다. 그 자리에서 추가 사항을 그리고 발주 넣고 하는 일이 일상이었다. 이제는 현장에서 무엇이 필요하다는 요청이 오면 작업실에 있는 우리가 보내주면 된다.

Q   앞서 호흡이 맞는 현장 작업자를 팀별로 찾았다고 했다. 그들과의 협력 관계에서 중요시하는 부분은 무엇인가?

김세중   공사 완료 후 이윤이 안 맞는 경우 하청 업체의 견적을 깎는 행태가 많다. 소위 '후려친다'고 말한다. 하청 업체 쪽에서도 어느 정도 깎일 것을 예상하고 견적을 낸다. 그런 과정이 너무 비합리적으로 보였다. 그 사이에서 일어나는 감정 소모도 싫고. 우리는 그런 거 없이 거래한다. 견적대로 일해주는 업체들이기도 하고. 이제는 암묵적으로 신뢰하는 단계가 되어 서로 훨씬 편하게 일하는 것 같다.

작업 현장. 신명근(위 오른쪽)과 함께. 삼인 체제가 되면서 현장 업무를 신명근이 주로 맡는 식으로 분담해 진행하고 있다.

Q 그래픽 디자이너나 다른 필드 작업자와의 협업은 어떻게
   이뤄지나?

한주원 대체로 전시 공간 디자인 프로젝트에서 만난다. 그러면
각자 익숙한 언어로 자료를 준비한다. 큐레이터가 정리해놓은
기획서나 엑셀 시트를 읽어내면서 서로 스케치를 공유하는 식이다.
내가 그래픽 디자인 방법론을 많이 봐서 '이런 식으로 작업하겠지'
예측하며 작업하는 경우도 있다.

김세중 그래픽이 먼저 나올 때도 있고, 공간이 먼저 풀릴 때도
있다. 먼저 합의된 언어를 차용해서 디자인을 한다. 서로 기다리고
있을 때도 많다.(웃음) '저쪽에서 해주는 걸 보고 해야지' 한다든지,
타이밍에 따라 다른 것 같다.

Q   역대 작업 중 가장 의미 있었던 것은 무엇인가?

김세중   역시 아티스트 프루프 숍(2016) 작업이다. 전시 디자인
위주로 일하고 있을 무렵이었다. 짧으면 일주일, 길면 세 달 뒤엔
공간이 없어지는 게 속상했다. 공들여 만든 집기를 버려야 했다.
그런 아쉬움이 쌓이다 보니 오랫동안 운영될 공간을 맡고 싶은
마음이 생겼다. 내구성이나 방식, 실용도 면에서 고려해야 할 사항이
완전히 다른 작업이기도 하고. 마침 아티스트 프루프❶에서 연락이
왔다. 자기 작업물과 다른 여러 가지를 판매하는 쇼룸을 만들고
싶다고. 우린 힘내서 해보자고 했다.
    처음 공간 답사를 갔는데, 이상한 데로 데리고 가는 거다.
좁은 골목으로 들어가니 1층에 편의점 하나가 있는 굉장히 오래된
건물이 나왔다. 쇼윈도가 있는 곳은 그 편의점뿐이었는데, 그 건물
3층이라고 했다. 경비실 앞에서 비밀번호를 누르고 들어가
엘리베이터를 타고 3층까지 올라가니 좁은 복도가 나왔다. 밖에서
안을 볼 수 있는 구석이 하나도 없었다. 작업할 공간 입구인 낡은
철문을 열었더니, 전면에 모서리를 공유하는 창이 두 개가 나 있어
숨통이 탁 트였다. 잘할 수 있겠다는 생각이 들었다.

한주원   확신이 왔다. '여기 뭐야' 하면서 올라오다 문을 딱 여니까
공간은 좁았지만 생각보다 분위기가 되게 괜찮은 거다. 그걸

❶ 판화가 최경주의 프린팅 레이블.
artistproof.org

아티스트 프루프 숍. 판화가인 의뢰인의 작업에서 형태를 차용해 가구를 제작했다. 의뢰인과 씨오엠의 작업적 유사성이 조화를 이뤘다. 사진: 텍스처 온 텍스처 노려야겠다는 생각이 첫 번째였다. 그래서 철문을 예쁜 문으로 바꾸자는 것도 그냥 두자고 했다. 기대감이 아예 생기지 않는 게 중요할 테니까. 문제는, 두 의뢰인 부부(판화가 최경주와 트럼펫 연주자 이동열)가 공간에 담고자 하는 프로그램이 너무 많다는 것이었다. 각종 작품을 진열할 매대가 있어야 했고, 트럼펫을 연주할 공연장이 있어야 했고, 커피를 내릴 에스프레소 머신이 있어야 했다. 당시엔 판단력이 그리 좋지 않아 의뢰인의 바람이라면 이뤄주는 게 미덕이라고 생각했다. 모든 프로그램을 운영하는 걸 최우선으로 하는 디자인안을 몇 개 만들어 주고받았는데, 논의 끝에 '아 우리가 원하는 게 아니구나' 하는 걸 서로 눈치챘다.

그 다음부터는 각자 좀 더 집중했다. 의뢰인은 커피를 핸드 드립으로 바꾸는 등 프로그램을 간소화하고, 우리는 공간의 특징을 재정립했다. 판화가 최경주는 실크스크린을 하고 남은 부분을 가지고 다시 판을 찍는다. 어떻게 보면 재활용하는 것과 같다. 그 당시 우리는 합판으로 가구를 만드는 실험을 이것저것 하고 있었는데, CNC로 합판을 잘라 원하는 모양을 얻으면 나머지는 그냥 버렸다. 그런데 그걸 버리지 않고 공간에 디스플레이하는 아이디어가 떠올랐다. 그게 운 좋게 잘 맞아떨어졌다. 놓여 있는 모습도 자연스러웠고, 의뢰인 작업의 조형 언어와도 부합했다.

김세중   예를 들어 한쪽 면에는 애벌레 모양의 거치대를 세워 두고, 반대쪽 면에는 그걸 따고 남은 합판, 즉 애벌레 모양으로 구멍이 나 있는 모습을 그대로 세워 놨다. 공간에서 최경주의 작업 방식과 우리 작업 방식이 그렇게 드러나도록 했다. 그리고 의뢰인의 판화 작업에서 형태를 발췌해 새로운 가구를 만들었다. 납작한 합판으로 만드는 작업이니까 그대로 가져와서 입체화하면 가구가 되는 것들이 많았다. 반달 모양 스툴 등 이전에 만들었던 가구와 형태적으로 비슷한 부분도 있었고. 또한, 아무래도 뜬금없는 건물의 3층 구석이다 보니 찾아온 사람들이 '여기가 맞나' 하는 의심을 많이 할 것 같아서 벨도

달고, 중간에 지표가 될 만한 조그마한 것들을 붙였다.

한주원 헨젤과 그레텔이 빵 조각 떨구듯이.

김세중 결과적으로 사람들 반응이 되게 좋았다. '여기 뭐지?' 하고 철문을 열었을 때 뜻밖의 공간이 펼쳐지는 게 좋은 인상을 줬나 보다. 그 이후로 상업 공간 의뢰가 들어오면, 대부분은 아티스트 프루프 숍을 보고 왔다고 했다.

한주원 이 프로젝트가 아니었다면 방향이 많이 달라졌을 것 같다.

Q 작업적으로 얻은 게 있다면?

김세중 그때 처음으로 (공간에서 진행될) 프로그램의 메인과 서브를 구분해서 강약을 조율하고 계획을 세우는 법을 배웠다. 무엇보다 여기서 본 가구가 너무 좋았다는 얘기를 듣는 게 뿌듯했다. 전시 공간은 논리가 우선이었지만, 여기서는 우리 스타일을 그대로 드러내다 보니 도움을 많이 받은 것 같다. 아티스트 프루프의 쇼룸이지만, 우리 쇼룸이 되기도 한 셈이다. 처음엔 의뢰인이 막연했을 거다. 그렇잖아도 작업을 이어가기 어려운 시기에 덜컥 월세를 내면서 자기 공간을 운영하는 것 자체가 부담이었으리라 생각된다. 의뢰할 땐 1년 계획이라고 얘기했는데, 일이 진행되고 구체적인 안이 나오면서 하는 데까지 해보고 싶다고 하더라. 지금까지 잘 운영하고 있다.

한주원 새벽에 설치를 끝내고 기진맥진해서 마무리된 공간을 보니 '아 좀 심심하다?' 이런 느낌이 들었다.(웃음) 해 뜨고 나서 들어온 의뢰인 둘도 심심하게 느끼는 것 같아서 약간 당황스러웠는데, 그때 처음 알았다. 인테리어는 그릇 같아서 잘 받쳐주기만 하면 된다는 걸. 아름다운 작품들이 올라가니까 완성이 되더라. 거기서 우리도 덩달아서 힘을 줬다면 작품이 하나도 안 보였을 거다. 여러 가지로 많은 걸 깨달았다. 그리고 여기저기에 아티스트 프루프 숍이 소개되어, 작은 카페에 앉아 나눴던 이야기들이 현실화되는 걸 보니 기분이 굉장히 좋았다. 그런 기쁨이 있었던 프로젝트다.

Q   펜던트 조명이 아름답다. 어떻게 만든 건가?

한주원   오픈하고 반년 정도 뒤에 요청이 왔다. 공연을 열 건데, 기존 조명은 전체적으로 밝히는 등이라 분위기가 안 사니 펜던트를 만들어달라고 했다. 펜던트는 처음 만들어보는 거였다. 네모난 틀에서 동그라미만 똑 빠져나와 그 위에 붙어 있는 모양인데, 마찬가지로 그때 썼던 조형 언어를 그대로 쓴 것이다. 최경주 작업 중에 그런 형태가 있어 차용했다. 전구도 조그맣고 동그래서 적절한 비례로 달려 있는데, 찾느라 엄청 고생했다. 웬만한 건 다 혹부리 영감처럼 보이는 거다. 비 오는 날 딱 하나 있는 걸 겨우 찾았다.

김세중   정말 저게 아니면 혹부리 영감이 된다.(웃음) 전구 크기에 따라 조도가 다르다. 의뢰인은 조명이 필요해서 부탁했는데, 저건 너무 약했다. 매대 위에 설치해서 부분적으로 밝아지면 좋겠다는 의도가 있었는데, 너무 예쁘기만 하고 끝나버려서 아쉽긴 하다.

한주원   모빌 같은 역할을 하고 있다. 그때 딱 두 개 만들어서 남은 하나를 작업실에 달았는데, 얼마 전에 두 개 더 만들었다. 각자 집에 하나씩 가져가려고.

Q   역대 작업 중 가장 힘들었던 일은 무엇인가?

한주원   지산 밸리록 페스티벌 쉼터 설치 프로젝트. 그 이유는,
디자인이나 비용 문제도 아니고 의뢰인과의 소통 문제 때문도
아니다. 실제로 구현시키는 게 그다지도 어려운 일은 처음이었다.
현장에서 시공하는 게 엄청나게 힘들었다.

김세중   한여름의 스키장에서 열리는 록페스티벌이었다. 잔디밭과
주차장에 무대가 하나씩 있었고, 그 둘을 잇는 통로에 공터가
있었는데, 그곳에 쉼터가 될 만한 설치물을 만드는 게 목표였다.
사방이 뻥 뚫린 무한한 공간이어서 그늘막을 만들어야 했다.

한주원   그래픽 디자이너 김영나⓰와 협업했던 프로젝트다.
김영나 작업 중에서 빨간색 원들이 쭉 이어지는 그래픽을 봤는데,
평면도상에서 본 풍선 같았다. 그래서 '빨간색 풍선을 공중에 띄워
그늘을 만들면 되지 않을까?'라는 단순한 아이디어로 시안을 냈다.
모두가 명쾌하고 유쾌하게 생각해서 일사천리로 진행이 됐다.
그런데 그걸 진짜 만들어야 했을 때 문제가 너무 많은 거다. 일단
풍선 지름이 너무너무 거대했고….

김세중   일정 지름 이상 돼야 뜬다는 것이었다. 풍선 자체 무게와
주입될 기체의 부피를 계산했을 때, 지름이 몇 이상이어야 행사 기간
동안 별도의 기체 보충 없이 떠 있을 수 있다고 했다.

한주원   풍선 업체에서는 너무 변수가 많아서 단독으로는 설치할
수 없다고 했다. 땅 상태도 모르는 데다가, 풍선 간격이 조밀하면

⓰ 그래픽 디자이너. 테이블유니온의 멤버로
활동한다. ynkim.com

지산 밸리록 페스티벌 쉼터. 커다란 풍선을 띄우고 그 아래 쿠션을 깔아 사람들이 햇볕을 피해 쉴 수 있는 공간을 만들었다.

풍선끼리 부딪혀서 바람이 샐 수도 있고, 그러면 주저앉을 수도 있다고. 우리는 그 얘기를 들었을 때만 해도 '그래도 하면 되겠지' 싶어서 우선 풍선을 고정할 구조물을 만들었다. 땅에 설치해서 디딜 수 있는 구조물을 미리 준비하고, 현장에서 풍선을 묶을 계획이었다. 그래서 갔는데, 일단 현장이 너무 더웠다. 그래서 그늘막이 필요했겠지?(웃음)

Q 더울 거라는 생각은 못 했나?

김세중 그래도 나름 예상해서 계획을 세웠다. '전날 미리 가서 새벽같이 작업을 시작하면, 간단하니까 해 뜨기 직전에 끝낼 수 있겠지?' 실제로 그렇게 했다. 새벽에 올라가니 산비탈에 안개가 쫙 깔려 무릉도원 같았다. 구름 위에 산이 솟아 있는 걸 보는데 너무 시원했다. 그때부터 여유 있게 짐을 내렸다. 기둥과 구조물만 설치해두면 풍선은 업체에서 설치해줄 테니까. 그런데 산이라서 그런지 10시가 되니 안개가 싹 걷히면서 볕이 엄청 세지더라. 11시쯤 일차적인 작업을 마무리했는데, 그 1시간 동안 화상을 입어버렸다.(웃음) 살갗이 시뻘겋게 타올라서 몹시 따가웠지만 구조물 설치는 끝냈으니 '이제 됐다' 싶었다. 그런데 풍선 업체가 와서는 구조물이 너무 가벼워 설치를 못 하겠다는 얘기를 시작했다.

한주원 바람 불면 풍선이 구조물 들고서 날아간다고. 하하하. 어느 정도였느냐면, 풍선을 붙잡고 있으면 사람이 살짝 떠오른다는 거였다. 그런 게 수십 개니까. 하지만 우리는 그게 약간 과장일 줄 알았다.

김세중 그때는 스케일 감이 없었으니까 말 그대로 '풍선'이라고만 생각했다. 와서 바람을 넣는데 집채만 해지는 거다. 위압감이 들더라. 불어넣은 걸 보니까 날아갈 수 있겠구나 싶었다. 당장 밤까진 마무리해야 하는데 업체에서 못 하겠다고 하니 우리는 패닉에 빠졌다. 한주원은 사색이 돼서 반 포기한 상태로 멍하니 서 있고. 그때 설치를 도와준 목수 권구광이 갑자기 정신을 번쩍 차리고는, 말뚝을 구해와서 구조물을 끈으로 당겨 텐트처럼 땅에 고정하겠다며 업체를 설득했다. 해가 머리 위에 있을 때, 말뚝 대신 구해온 각목을 비스듬히 썰어서 해머로 박기 시작했다. 땀을 엄청 흘리고 설치를 끝냈는데⋯ 다음 날부터 비바람이 분다는 예보가 떴다. 그때부터 돌아가서 일기예보만 봤다. 바람이 너무 세면 바로 철거를 해야 하니 현장 관계자와 계속 통화하면서.

한주원　줄에 매달린 풍선이 바람에 날리면 밑에 있는 사람을 통칠 수 있는데, (풍선이) 너무 크다 보니까 세기가 얼마나 될지 모르겠는 거다. 맞아 보니 다행히 위험한 정도는 아니었다. 제일 무서웠던 건, 돌풍이 불어 풍선들이 갑자기 한쪽으로 몰릴 때 구조물이 살짝 떴다가 가라앉는 것이었다. 말뚝을 박아서 다행이었다. 통제할 수 없는 변수란 변수는 다 맞은 느낌이었다. 게다가 주변에 물품을 조달할 곳이 전혀 없어서 더 고생이었다. 원시인 고인돌 쌓듯이 작업했다.

　Q　시공의 어려움을 제외하고는 어느 정도 만족하는가?

한주원　과정을 떠나서 좋은 아이디어였다는 생각이 든다. 처음이라 미흡한 부분도 있었지만, 사실 쉼터를 사용한 사람들이 굉장히 좋아했다. 기능 면에서 충실했다. 가능한 한도 내에서 최대한의 멋을 찾았던 것 같다. 우리도 그 포트폴리오가 특수하고 재밌어서 특히 맘에 들어 한다.

김세중　풍선 아래는 다 침대였다. 침대 패턴도 김영나 작업에서 가져와서 만들었다. 거기 누워 있으면, 빨갛고 거대한 풍선들이 움직이는 사이로 하늘이 보였다. 해가 지면 불이 들어오는데 효과가 매우 좋았다. 산등성이라 빛이 하나도 없었기 때문에.

한주원   설치 끝내고 탈진한 상태였는데, 김영나가 지금 아니면 사진 못 찍을 것 같다고 해서 억지로 다시 갔다. 아무도 없는 새벽에 불이 켜진 모습을 보고 있는데 정말 신기하더라. 옛날 영화의 한 장면 같았다.

Q   스튜디오를 운영할 때 실질적으로 중요한 부분은
       무엇인가?

한주원   처음엔 예산 규모가 적어 아이폰 메모장에 기록해도
무방할 정도였다. 그런데 올해 초부터 갑자기 규모가 배로 커지고
있다. 증빙이 필요한 부분이 너무 많아져 문제다. 지출 기록은 다
해놨지만 실제로 프로젝트를 통해 얻은 수익이 얼마인지, 그것
때문에 발생하는 세금이 얼마인지, 세금 계산서를 제대로
발행했는지, 이런 것들을 놓칠 수 있어서 부담이 크다. 내년 5월
종합소득세 납부가 심히 걱정된다. 세무사한테 상황을 얘기하니,
회계 직원이 따로 있어야지 아니면 나중에 큰일 난다고 하더라.

김세중   이윤을 낸다는 것이 단순히 '이 재료를 쓰면 제작비를
절감할 수 있겠지?'의 차원이 아니라는 걸 중간에 깨달아서, 그
이후엔 문제가 생기지 않도록 하고 있다. 그런데 프로젝트 규모
자체가 커지다 보니까 어렵다. 우리가 디자인뿐 아니라 설계까지
진행하다 보니 공사에 드는 전체 예산이 (씨오엠으로) 들어온다.
그걸 받아서 모든 업체에 뿌리는데, 항목이 워낙 많아 관리가 쉽지
않다. 사실상 컴퓨터 앞에서 디자인하는 것보다 지출 내역 기록하고,
계산하고, 세금 관계 풀어내는 데 더 시간을 많이 쓰게 된다. 그냥
디자인만 잘하면 되는 줄 알았다. 경험 없이 시작하니까 몸소
손해를 보며 일궈내야 하는 게 힘들었다.

Q   해결 방안이 있나?

한주원   세무사가 묻는다. 매출에서 실제 소득이 어느 정도나
되느냐고. 순이익을 알면 세금 계획도 세울 수 있고, 대충 그림이
그려지기 때문이다. 우리는 프로젝트가 들어오면 얼마간의 디자인
비를 제한 나머지를 최대한 투자하겠다는 마음가짐이었다. 그러니까
총 예산이 1억 원이라 할지라도 돈이 얼마 안 남는 경우도 있었다.
어떤 건은 수익이 5%, 어떤 건은 30%, 대중이 없었다. 그래서 요즘은
프로젝트에 돌입하기 전에 어느 정도 수익을 남길지 합의하고, 그
또한 일종의 목표로 삼아 작업을 진행하고자 한다. 예전에는 그런
방식을 '업자스럽다'고 생각했는데, 현실적인 문제들을 겪으면서
좋은 마음만으론 한계가 있다는 걸 깨달았다. 그냥 빚더미에 앉아
망할 수도 있겠더라. 공간 디자인 스튜디오를 운영한다는 건
실제적으로 그런 부분을 해결하는 문제인 것 같다.

Q   수익 관리는 어떻게 하나? 비용을 책정할 때 중요시하는
      게 있다면?

한주원   직원 없이 우리 둘이서만 일할 때는 30만 원 가져가는
달도 있었다. 지금도 그렇지만 돈 많이 버는 것보다 작업이 잘 나오는
게 더 즐거웠다. 항상 둘이서 밤새도록 붙어 있으니까 돈 쓸 일도
없었고. 작년부터 본격적으로 상업 공간 프로젝트를 시작하면서
수입이 조금씩 생겼다.

김세중   기업 프로젝트의 경우, 예산이 크지만 의사결정 과정이
복잡하고 요구 사항도 많다. 그만큼 감당해야 할 리스크가 상당하기
때문에 그런 부분까지 생각해서 비용을 책정한다. 그 외 개인이
의뢰하는 프로젝트는 예산이 적은 편이다. 전시의 경우도
마찬가지다. 티켓을 팔아 수익을 얻는 대형 기획전이라면 당연히

작업실. 공간 디자인 스튜디오를 운영한다는 것은 일차적으로 예산 관리, 세금 처리 등 현실적인
문제를 해결해나가는 일과 같다.

비용을 크게 잡는다. 비영리적이지만 재미있는 작업을 할 수 있는
경우엔 그보다 적은 비율로 이윤을 낸다. 스튜디오 초기에는
어떻게든 일을 하고 싶었기 때문에, 함께 일하는 분들이 좋으면
예산이 적더라도 최대한 포트폴리오가 될 수 있게끔 합의하는 게
다반사였다. 그런데 업계에서 주목받고 인터뷰도 가끔 하게 되면서,
계속 그런 식으로 임한다면 시장에 좋지 않은 영향을 끼칠 것
같다는 생각이 들었다. 요즘은 최소 비용을 책정해두고 그 이하는
거절하는 편이다. 예산이 적어도 재밌어 보이는 일이 많지만, 적정
금액을 책정해주는 프로젝트 위주로 진행한다.

한주원   그런 생각을 갖게 된 이유는 확실하다. 그래픽 디자인계도
마찬가지일 거다. 스몰 스튜디오가 대형 스튜디오에 비해
극단적으로 낮은 단가를 받는데도 일은 똑같이 해주니까 바닥을
치다 못해 뚫어버린 것 같다. 우리가 워낙 그런 일을 많이 하다
보니까 '돈이 없어서가 아니라 하다 보니 이렇게 돼버린 거구나'

깨닫게 됐다. 처음 시장이 만들어질 땐 이런 식은 아니었을 것 같다. 누군가 계속 무리를 하고, 다들 이게 당연하다고 생각하니까 돈이 있어도 예산을 깎았을 것이다. 우리 규모가 커진 걸 떠나서, 이젠 그런 요구가 예전처럼 보이지 않는다. 반면 클라이언트 역시 이제 막 시작한 디자인 스튜디오에게 큰 금액을 덜컥 맡길 수 없다는 것도 잘 안다.

Q   예산 문제로 의뢰인과 갈등을 빚은 적이 있나?

한주원   예산이 적었지만 최선을 다해보자는 마음으로 임한 프로젝트가 있다. 과정도 좋았고 끝까지 잘 갔는데, 시공까지 다 해놓고서 예산 범위 밖에 있던 것 하나를 추가한 게 문제가 됐다.

김세중   원래 계획대로 완성해놓고, 이것 하나만 더 있으면 진짜 멋있겠다는 생각에 우리 돈을 써서 구입한 것이었다. 하나로는 모자라 보여서 우리 작업실에 있던 것까지 가져왔다. 선물이라고 하면 생색을 내는 것 같아서 그냥 놨는데, 나중에 클레임을 받았다. 예산에 없던 항목을 주다니 돈이 남은 거 아니냐고. 돌이켜 생각해보면, 의뢰인과 함께 견적서를 살피며 그에 대해 상세히 설명해주는 게 부족했다. 의뢰인 입장에서는 큰 돈을 쓰는 거라서 그런 의심이 생기는 게 당연할 수 있다.

한주원   나중엔 잘 풀었다. 요즘도 연락을 주고받는다.

김세중   일을 시작하고서 '인테리어 업자한테는 사기당하면 안 된다'는 의식이 있다는 걸 심심찮게 느꼈다. 현장을 볼 때나 견적서 볼 때 불필요할 정도로 예민하게 반응한다거나. 예전에는 왜 그러는지 이해가 안 돼서 마음이 상했는데, 요즘에는 최대한 설명을 해준다. 특히 (기업이 아닌) 개인은 이 금액을 투자한다고 곧장 수익이 보장되는 게 아니니까, 무형의 무엇을 기대하는 거니까.

한주원   그래서 요즘은 디자인 비를 높게 책정한다. 얘기를
나눠보면 우리 주변도 비슷한 것 같다. 싸게 해준다고 좋아하는 사람
아무도 없다고. 처음부터 높은 가격을 제시하는 이유가 또 있다. 그
이후에 협의가 가능하든 불가능하든 의뢰인의 성향을 파악할 수 있다.

김세중   우리 작업에 관심이 있거나, 자기 콘텐츠와 잘 맞겠다는
기획으로 연락을 주는 이들이라면 같은 비용이라도 구체적으로
설명하는 편이다. '설계비가 이 정도인데, 시공 감리 부분이나 실시
설계에 대한 부분이 이 정도 포함돼 있다' 하는 식으로.

한주원   사람을 가리거나 돈을 가리는 게 절대 아니고, 얼마나
자기 프로젝트에 적극적으로 임할 수 있는지를 가장 많이 본다. 돈이
많을 수록 "그냥 알아서 해주세요"라고 얘기하는 경향이 있다.

Q   발목을 잡는 잡다한 업무들이 있나? 어떤 것들인가?

김세중   무엇이든 완벽하게 끝나는 경우가 없다. 애매한 일들이
찔끔찔끔 남는다. 30분 안에 끝나는 일인데 작업자를 부르면 하루
인건비를 줘야 하니까 우리가 직접 처리한다. 그런 것들이 굉장히
방해가 된다. 왜냐하면 다음 프로젝트에 돌입해야 되는데,
자질구레한 문제를 해결하러 현장을 다녀와야 하니까. 또 워낙 그런
걸 잘 못해서 어렵기도 하고.

Q   앞서 말한 앞뒤 없는 의뢰에도 에너지를 많이 뺏길 것 같다.

김세중   맞다. 일단 만나자는 사람들.(웃음) 일정을 알아야
가능한지 파악할 수 있고 예산 범위를 알아야 논의가 진전이 될

텐데, 구체적인 일정이나 개요를 알려달라고 하면 아직 정해진 게 없으니 어떤 사람인지부터 알고 싶다고 한다.

한주원　메일로 자주 연락이 오는데, 자기소개조차 없는 경우가 많다. 그냥, 몇 평이고 뭘 하고 싶다. 처음엔 당연히 친절하게 답변했다. 무엇이 필요하고, 대체로 어떤 프로세스로 진행된다는 걸 일러줬다. 그러면 답장도 없다. 비딩을 하게 되는 큰 규모의 프로젝트도 마찬가지다. 미팅을 하고서 프로젝트를 안 맡아도 전혀 상관이 없지만 작은 스튜디오이기 때문에 할지 말지 여부를 파악하는 게 중요하니 꼭 알려달라고 얘기하는데, 거의 연락이 없다.

Q　예상치 못한 운영상의 난관이라면?

한주원　여러 사람을 설득하는 과정이 필요한 직종이지만, 둘 다 그걸 매우 싫어한다. 없는 말을 만들어 붙이며 발표를 준비하느니 그 시간을 디자인하는 데 쓰자는 게 모토였다. 그런데 피티(PT, presentation)를 피할 수 없는 순간이 계속 생기더라. 절대 안 하겠다고 얘길 해도 막상 그 자리에 가보면 사람들이 일렬로 앉아 있다거나 프로젝터가 켜져 있다거나.(웃음) 이제는 좀 바뀌어야 되나 싶은 생각이 든다. 사실 운영과도 직결되는 부분인 게, 규모가 큰 일은 결정권자가 따로 있는 경우가 많기 때문에. 그렇다고 우리가 슈트 입고 포마드 바르고서 유창하게 '분석을 해보니~' 하진 못한다.

김세중　회의실에 온갖 팀이 각자 맡은 바 질문을 준비하고 있으니, 우리는 그 앞에서 회의 분위기 자체를 화목하게 만들어줘야 하는 거다. 말 그대로 아이스 브레이킹의 필요를 절감한다. 특히 한 번에 원하는 시안을 선택하게 만들 때 그렇다. 그냥 봤을 때 좋은 시안과 실제로 구현했을 때 멋있는 시안이 있다면, 확신을 가지고 설득해야 되는데 둘 다 목소리 톤도 낮고 말도 못해서 힘겹다. 학생 때 어디서들은 개념으로 미사여구를 쓰며 발표하던 게 너무 지겨워서 그런 촌스러운 건 다신 하지 말자고 했는데, 이젠 왜 배웠는지 알겠다는 생각까지 든다.

한주원 　그렇다고 절대 그렇게 만들진 않는다. 라이프스타일을 분석하거나 트렌드 컬러를 넣거나… 우린 나름의 서사를 만든다. 우리가 디자인하고 싶은 이야기를 풀어서 배치하는 편이다. 확신이 있으면 다들 좋아한다. 사실 뻔뻔하게 '당신 회사에는 이게 맞는 디자인이다'라고 얘기를 해야 되는 자리다. 확신을 못 해서 땀을 삐질삐질 흘리다가 마지막에 자폭한 적도 있다.(웃음)

김세중 　한주원은 하면 되게 잘한다. 나는 항상 일정한 톤으로 재미없게 한다. 쓸데없이 길게 설명하고.

한주원 　듣고 있으면 되게 재미없다. 그런데 그것도 좋은 전략일 수 있다.(웃음)

Q 　운영한 지 3년이 됐다. 지속 가능성에 대해 논하자면 아무래도 앞서 말했던 운영상의 난항들을 개선시키는 쪽일 텐데, 어떤 게 필요하다고 생각하는가?

한주원 　종종 얘기하는 주제다. 처음에는 디자인이 가장 중요하다고 생각해서 디자인 시안을 잡는 데 가장 에너지를 쏟았다. 디자인이 마음에 안 들면, 시공에 들어가더라도 가능할 때까지 계속해서 수정했다. 하지만 안정성을 위해서는 타임라인을 지키는 게 가장 중요한 것 같다. 처음엔 정말 장돌뱅이처럼 미래가 없이 오늘만 일하며 살았다. 지금이 몇 월인지도 모른 상태에서 한 달 뒤에 오픈하는 전시를 하자고 하면 열심히 했다. 그렇게 하니까 몸도 맘도 디자인도 힘들어지고 돈도 질질 셌다. 올해부터는 시간표를

작업실. 좋아서 시작한 일을 계속하기 위해서는 적절한 보상을 얻을 수 있도록 계획과 일정을 잘 세워야 한다. 그리고 무엇보다 휴식이 중요하다.

짜기로 결심했다. 한 번에 세 가지 프로젝트만, 프로젝트당 준비 기간을 세 달로 설정했다. 그 조건에 맞는 일만 잡으니 앞으로 반년간의 일정을 미리 채울 수 있더라. 그러니 수익 구조와 주기도 예상 가능해졌다.

김세중　예전에는 뭣도 모르고 일정을 잡았다가 마지막에 다 돈으로 해결했다. 또 일을 순서대로 하면 차분히 해결할 수 있는데 마감이 겹치니까 밤새우길 반복했다. 좋아서 시작한 일인데 '이렇게 힘들 거면 안 하고 말지' 하는 생각이 들었다. 그렇게 둘 다 번아웃이 된 이후엔 능률이 이전처럼 올라가질 않는다. 일을 계속하기 위해서 휴식 시간도 많이 필요하다는 걸 깨달았다. 그림이 예쁘게 걸려 있기 위해서는 여백이 많이 필요하듯이, 지치지 않도록 일정을 잘 세우는 것. 그리고 내가 일한 것에 대한 보상을 얻을 수 있게 계획을 짜는 것.

한주원　스튜디오 시작했을 때부터 올해 초까지 주말에 쉰 적이 별로 없다. 거의 맨날 작업실에 새벽까지 있고 주말에도 계속 나와 있었다. 그게 너무 당연한 것 같았다. 제대로 쉬어본 적이 없으니 쉬는 게 뭐 그리 중요한가 싶었다. 그러다 푹 꺼져서 연초에 한 달을 완전히 쉬었다. 그랬더니 머리가 맑아지면서 어떻게 하고 살아야 되는지 좀 보이더라. 이전의 삶이 극단적으로 비정상이었다는 것을 그제서야 알게 됐다. 전에는 막 집에 가는 길에도 디자인 생각을 했는데, 요새는 집에 가면 아무 생각도 안 한다. 그래서 나오기가 싫다.(웃음)

Q　시스템을 도입할 필요는 없나? 이를테면 연차 휴가 같은.

한주원　일단 우리 스튜디오는 지금 세 명이고, 많아 봤자 네다섯 명일 거다. 그러면 서로 뭘 하고 있는지 뻔히 잘 알 테니 일사분란한 조직처럼 한 명이 쉴 동안 나머지가 그 업무를 인수인계 받는 식의

시스템은 필요 없을 것 같다. 그보다 시스템이라고 한다면, 서류
양식부터 통합하고 싶다. 서류 하나를 만들더라도 작성자가 누구든
최대한 같은 포맷이 되는 기본적인 것. 견적서 양식도 지금
윈도우즈용과 맥용, 두 개다. 그게 급선무다.

김세중　　처음엔 시스템에 대한 환상이 있었다. 큰 규모의 건축
스튜디오나 대기업이 시스템을 구축한 데는 이유가 있을 거라고
생각해서 결핍된 부분이라고 생각했다. 그런데 우리 같은 경우엔
그러한 짜임새를 구축하는 게 딱히 효율적이지도 않다. 되려 엄격한
룰 같은 것이 스트레스로 작용하더라. 우리한테만 맞는 방식이 있지
않을까 싶다.

Q   유년기의 어떤 경험이 공간 디자이너로 일하는 데 영향을
      미친 것 같나?

한주원   중고생 시절부터 공연 보는 걸 좋아했다. 콘서트나 클래식
연주회도 자주 갔고, 뮤지컬이나 연극도 많이 봤다. 공연 자체도
좋았지만, 공연장에 앉아서 무대나 객석을 보는 게 너무 좋았다.
그땐 누구도 설명해주지 않았다. 텅 빈 무대를 보면서 느끼는 감정을
가리키는 말, 이를테면 푼크툼❶ 같은, 그런 구체적인 용어를 모르는
상태에서 평상시엔 느낄 수 없는 감정이 불쑥 올라왔던 기억이 많이
남아 있다. 또, 음악을 좋아한다고 반농조로 말하곤 하는데, 사실
음악을 들으면서도 자주 공상했다. 어떤 공간이 어울리겠다고
생각한다든지, 그 장면을 영상으로 바꿔본다든지. 그땐 공간
디자이너라는 직업이 있는 줄도 몰랐지만 혼자 느끼고 상상하는
시간을 통해 훈련한 게 분명히 있다고 본다. 대학에서 공부를
하면서는 공간을 정면으로 보는 시선을 중요시하게 된 것 같다. 그런
것들이 내게 종합적으로 영향을 줬다.

김세중   사실 유년 시절 경험에 대해선 큰 의미를 못 찾겠다.
문화의 불모지인 경상북도 포항에서 나고 자라 접할 수 있는 게 별로
없었다. 굳이 찾자면 레고를 자주 했다는 뻔한 이야기. 영화나
만화책을 아주 좋아하긴 했지만 어디까지나 같은 그룹에 속한

❶ Punctum. 프랑스의 구조주의 철학자
롤랑 바르트(Roland Barthes)가 정립한
개념으로, 작품이나 공간을 지각할 때 작가의
의도가 아니라 관객 자신의 방식으로 인식하고
해석하는 것을 말한다.

작업 현장. 공간 디자이너에겐 스케일에 대한 감각이 요구된다. 평면상의 이미지가 실제로 구현됐을 때 모습을 상상할 줄 알아야 한다.

경상도 싸나이들 사이에서 특별히 찾아보는 게 있는 정도였다. 그림에는 소질이 있었다. 항상 그 학년에서 제일 잘 그리는 학생이었다. 이과 공부를 하다가 재수하면서 미술로 전향했는데, 그제서야 '내가 하고 싶은 게 이거였구나' 싶었다. 1지망은 공업 디자인과였고, 그 당시 모두의 필수품이었던 삼각뿔 모양의 MP3 플레이어 같은 걸 디자인하고 싶다는 마음을 가지고 있었다. 그런데 성적에 맞춰 실내 디자인과에 들어가게 됐다. 실내 디자인을 공부하면서 건축이 건물 이상의 개념이라는 걸 알게 됐다. 공부하다 보니 건축의 규모나 스케일이 나와 맞지 않는다고 생각해서 가구 쪽으로 관심을 옮겼다. 그렇게 흘러왔다. 그때그때 주변 환경이 변하는 것에 따라 학습한 것 같다. 연애하면서 이래저래 혼나며 배우고.

Q 공간 디자이너에게 요구되는 재능은 무엇일까? 바꿔 말하면 훌륭한 공간 디자이너는 어떤 역량을 갖춘 사람이라고 생각하나?

한주원 훌륭한 사람은 많으니까 작은 범위에서 느끼는 바를 말하겠다. 여하간 디자이너를 할 거면 어릴 때부터 남다른 미감을 가져야 하는 것 같다. 나는 삼각뿔 모양의 MP3 플레이어가 유행하는 걸 보고 '저거 되게 이상하게 생겼는데?' 생각했다. 타고나는진 모르겠지만 어느 순간 만들어지는 미감이 있다. 이걸 직업인으로 일하면서 개발할 수 있을지는 모르겠다. 비관적이다. 한국에서 디자인을 하기가 어려운 게, 구석구석 보면 볼수록 구린 것밖에 없다. 하늘에 전선 엉켜 있고, 바닥에는 하수구 있고, 마감 제대로 안 한 것 투성이고. 그 와중에 어떻게든 해야 된다.(웃음)

김세중 기본적으로 디자이너는 한주원 말처럼 탁월한 미감을 가지고 있던가, 계속해서 성찰하는 능력을 가지고 있어야 좋은 결과물을 만들어낼 수 있는 것 같다. 앞서 얘기했지만, 특히 공간 디자이너라면 일정을 체계적으로 관리하는 능력도 필요하다. 그리고 스케일에 대한 감각. 사실 3D 프로그램도 평면상에서 나타나는 거다. 그게 실제 세상에 구현됐을 때 모습을 상상할 줄 알아야 한다. 그런 재능이 없다면 본인도 흥미를 못 느낄 테지만.

Q 그런 것은 어떤 훈련으로 얻을 수 있을까?

김세중 우리는 합판을 통해 얻은 게 많다. 1,200㎜에 2,400㎜라는 사이즈와 사람 눈높이를 기준으로 해서 공간을 짜니까. 합판은 두께에 따라 인상이 순식간에 변한다. 화면에서 볼 때는 큰 차이를 못 느끼는데 실제로 만들어보면 다르다. 그런 걸 테스트해보고, 또 재료를 만져보며 '이렇게 누르면 여기가 휘겠지?' 하는 것도 알아보고. 경험을 쌓는 게 제일 빠른 방법일 것 같다.

한주원 꼭 하고 싶은 얘기가 하나 있는데, 자기 디자인에 대한 평을 받아들이는 것도 재능이라고 생각한다. 피드백에 감정적으로 반응하는 사람도 있는데, 서른 살이 넘도록 그렇게 살았다면 고치기 힘들 것 같다.

Q 일을 하면서 얻는 보람은 무엇인가? 그로 인해 지난 몇 년 동안 어떤 부분에서 성장했다고 느끼는지?

한주원 하고 싶은 일을 하고 산다는 게 얼마나 운이 좋아야 가능한 것인지 깨달았다. 자영업 중에서도 디자인을 팔아먹는 건 나만 잘한다고 되는 일은 아니다. 힘들 때도 많지만 자주 행복을 느끼고, 그런 점에서 이 길을 택하길 잘했다고 생각한다. 성장에 관해서는, 이전 프로젝트보다 지금 프로젝트가, 물론 수월하진 않겠지만, 더 맘에 들어야 한다고 생각한다. 지금까지는 그렇게 됐다.

작업 현장. 집기를 실제로 만들어보고, 재료를 직접 만져보며 경험을 쌓는 것이 디자인 감각을 기르는 가장 좋은 방법이다.

디자인 면에서 작년보다 올해 훨씬 더 똑똑하게 해나가고 있다고
생각될 때 성장했다고 느낀다. 나는 이걸 중요하게 여기는데
작년이나 올해나 비슷하다면 엄청 속상할 것 같다.

Q   항상 의식하지 않으면 탁 놓게 되는 것 같다.

한주원   프로젝트들이 유혹할 때가 있다. "늘 쓰는 합판으로
해주세요" 하는 요구를 따르는 건 되게 쉽다. 이미 익숙하니까 어떤
식으로 풀면 그림이 나오겠다는 감각이 있는데, 우리는 항상 다른
걸로 하자고 얘기한다. 왜냐하면 그걸 써서 잘하는 게 사실 우리에겐
독이다. 그저 유행하는 톤에 안주해버리면 망하는 것 같다. 인생이
함정 투성이다.

김세중   예전에는 검색해서 피드백을 찾아보곤 했는데 요샌
그러지 않는다. 내가 결과물을 보고 좋으면 그냥 보람이 느껴진다.
그런데 만족하는 작업임에도 막상 장사가 잘 안되면 되게
속상하더라. 장사가 잘된다고 보람을 느끼진 않지만 마음은 편하다.
대중의 반응과 떼려야 뗄 수 없구나 싶었다. 성장했다고 느끼는 점은,
올해 초에 긴 휴식을 가진 이후로 일하는 시간을 줄인 것이다.
주말에 적어도 하루는 쉬고, 야근을 하지 않는다. 새벽까지 일하는
건 더 이상 체력적으로 정신적으로 안 된다. 옛날에는 어떻게든
했는데 요새는 일정 맞추기가 정 힘들면 뻔뻔하게 미뤄달라고
얘기한다. 그렇게 해서 스스로를 지켜내는 면이 있는 것 같다. 안정을
찾았다.

Q   일에 대한 만족도는? 자기 노동의 가치를 어떻게
      평가하는가?

한주원   만족도는 진짜 높다. 10점 만점이라고 하면 10점. 그런데

부담감도 10점 만점에 10점이다. 생명이 걸린 일은 아니지만, 사업체 자체가 작다 보니까 무언가를 잘못하면 전부 우리 탓이 된다. 작업을 잘했을 때 얻는 보람만큼 잘못했을 때 잃는 부분도 크다. 나는 내 노동의 가치가 진짜 형편없다고 생각했다. 남들 다 하는 일이거니 했는데, 찾아주는 사람들이 점점 생기니까 생각이 바뀐다. 전에는 회사 내부에 사람이 이렇게 많은데 왜 굳이 우릴 시키는가 싶었는데, 외부에 있는 우리 같은 사람들이 필요할 때가 있더라.

김세중　나 역시 지금 매우 만족한다. 과거에 지나쳤던 다른 선택지를 떠올리면 더욱 그렇다. 첫 수능 점수가 조금 더 잘 나와서 적성에 맞지 않는 이공계 학과에 합격했다면? 바라던 대로 공업 디자인과에 들어가 군대식 문화 아래 남자들 사이에서 이십대 자아를 형성했다면? 정말 천만다행이라는 생각이 든다. 공간 디자인의 매력이라면, 건축보다 훨씬 짧은 시간 안에 이뤄지지만, 벽으로 둘러싸인 통제된 공간의 인상을 바꾸는 모든 시도를 해볼 수 있다는 점이다. 조명이나 벽의 색을 고르는 것뿐만 아니라 제품에 가까운 가구를 만들어볼 수도 있고, 전원 스위치 같은 것으로 미묘한 분위기를 연출할 수도 있다. 디자인하는 직업 중에서는 혼자서 통제할 수 있는 범위가 가장 크지 않을까 싶다.

Q　전반적인 업계 상황에 대해 특별히 할 말이 있나?

김세중　다른 분야도 마찬가지일 것 같다. 인스타그램이나 핀터레스트의 영향에서 벗어날 수 없는, 소위 말하는 트렌드가 있다. 특히 강남구 신사동 쪽에 기업들이 많은 자본을 들여 플래그십 스토어를 만들었는데, 그것들이 어떤 존을 형성했다. 촌스럽고, 너무 베끼기 쉽고, 또 이미 베낀 그런 공간이 여기저기 생기는 것이 요즘 전체적인 상황인 듯하다. 테마파크 같은 공간. 스티커 사진 찍을 때 배경 고르는 것과 마찬가지다. 한 공간인데 여기서 찍으면 이런 게 나오고 그 옆에선 다른 게 나오고. 테마파크는 과거의 어느 시점이라든지 픽션 속 세계라든지, 어떤 테마를 매우 일차원적인 방식으로 구현하는 개념이다. 종이와 펜으로 계획을 세우면서 시작하는 게 아니라 이미지에서 이미지로 넘어가는, 완성된 이미지를 가지고 하는 디자인이다.

한주원　인스타그램 포토 스폿이 될 만한 곳을 만들어달라는 요청을 자주 받는다. 반면 그게 너무 유행이니 그러지 않으면 좋겠다는 쪽도 있다. 사실 똑같은 얘기다. 인스타그래머블이 아닌 건 뭘까? 항상 인스타그래머블을 부정적으로 생각했는데, 그 반대항을 생각하면 또 없는 거다. 그래서 고민이다.

김세중　우리 역시 인스타그램에서 피드백을 접하고 기쁨을 얻기도 하니, 모르겠다. 그런데 확실히 웨스 앤더슨❶으로 대표되는 스타일의 질 낮은 버전을 보면 공간 디자이너로서 고통받는다. 사진 잘 나오고 잘 올라가게 해달라는 요청은 아주 빈번한데, 어찌 보면 당연한 것이기도 해서, 그 와중에 보편적으로 아름다운 공간을 만들고자 노력하고 있다.

Q　머릿속에 그리는 이상적인 스튜디오의 상이 있나?

한주원　누군가는 스튜디오 씨오엠의 스타일이 합판을 주로 사용하는 것이라고 생각할 수 있겠지만, 스툴 하나를 제외하고는 똑같은 디자인이 없다. 약간 변주한 건 있어도. 매 프로젝트마다 완전히 새롭게 접근해 디자인 언어를 개발하는데, 소모가 크고 사실 효율적이지도 않다. 그래서 이제는 우리 스스로 레퍼런스가 되고자

❶ Wes Anderson. 미국의 영화 감독. 〈문라이즈 킹덤〉(2012), 〈그랜드 부다페스트 호텔〉(2014) 등을 연출, 감각적인 색채를 사용한 미장센으로 유명하다.

작업 현장. 초창기부터 협업해온 목수 권구광(오른쪽)과 함께. 공간 디자인의 매력이라면, 통제된 공간의 인상을 바꾸는 모든 시도를 해볼 수 있다는 점이다.

한다. 그동안 쌓인 디자인적 논리나 자원을 활용하는 디자인을 하고 싶다. 앞으로 10년은 더 해야 가능할지도 모르겠지만, 언젠가는 우리만의 언어로 자연스럽게 말하는 날이 올 거라고 생각한다.

김세중　의뢰인도 씨오엠의 작업을 기대하며 연락할 수 있을 만큼 작업이 탄탄히 쌓이는 것이겠지.

　　Q　거장의 길인가?

한주원　거장도 다 열심히 살더라. 장 누벨**⑲**도 피티 엄청 하고, 의뢰인 앞에서 빵긋빵긋 웃고. 성격이 아주 안 좋다고 들었는데.(웃음) 단기적인 목표도 하나 있다. 스튜디오 씨오엠이 아닌 새로운 브랜드로 캣 타워를 만들어보자고 작년 말부터 얘기하고 있다. 예쁜 캣 타워가 없다. 가벼운 아이디어였는데 아직 본격적으로 진행하진 못했다.

　　Q　마지막 질문이다. 일이 자신을 어떤 사람으로 만들고
　　　　있다고 생각하는가?

김세중　긍정적인 게 안 떠오른다.(웃음) 항상 작업실에서 둘이 농담하며 재밌다고 노는데, 사실 되게 재미없는 것들이다. 그걸 교정해줄 사람이 없다. 웃지 않는 사람이 없는 거다. 그런 부분이 좀 걱정이다. 어느 순간 고인 물이 되어 사회성을 잃어버릴까 봐.

한주원　나는 좀 양가적인데, 일할 때는 일과 나를 거의 동일시한다. 의뢰인이 디자인을 안 내켜 하면 내 기분도 우울해지고, 작업이 잘 풀리면 역시 내가 디자인을 제일 잘한다고 생각하면서

---

⑲ Jean Nouvel. 현대 프랑스를 대표하는
건축가 중 하나. 파리의 아랍문화원과
카르티에 재단, 아부다비의 루브르 박물관
등을 디자인했다.

엄청 신이 난다. 그런데 막상 이 일이 내게 어떤 의미인지 묻는 질문을 받으니, 그냥 먹고살려고 하는 거라 답하고 싶다. EBS 다큐멘터리 〈극한 직업〉 보는 게 취미다. 거기 인터뷰어가 그런 질문을 곧잘 한다. 이 일이 당신에게 어떤 의미냐고. 70미터 높이 크레인에 혼자 올라가서 다리를 놓는 기사가 이렇게 말하더라. "높은 데서 일하니까 풍경도 좋고 기분도 좋죠." 실은 얼마나 어렵고 복잡할까. 나도 딱 그 정도이고 싶다.

1988

두 살 때 누나들과 함께. 제가 태어나던 해
준공된 빨간 벽돌 주택에서 스무 살이 될
때까지 살았습니다. 크진 않았지만 마당이
있고 숨을 곳이 많았던 이 집을 놀이터 삼아
친구들과 놀곤 했어요.

1990

거실 모서리의 맞닿은 창을 좋아했어요.
바다낚시가 취미였던 아버지가 횟집에서나
쓸 법한 수족관을 거실에 가져다 놓았습니다.

1992

무척이나 똘똘해(?) 보이는 유치원 졸업 사진.

김세중

1997

초등학교 4학년, 할머니가 가꾸던 화단 앞에서. 좋아하던 앞집 여자 아이가 갑자기 이사를 가버렸는데, 마침 어머니의 강요로 파마한 머리가 원인이라 생각해 한동안 원망했었죠. 소방관이 되고 싶었던 시절입니다.

2005

고등학교 졸업을 앞두고 책거리를 하며. 대학 갈 생각에 신이 나서 사진도 찍고 싸이월드에 감성적인 글도 썼지만, 지원한 모든 전형에 일제히 불합격해 재수를 했어요. 막상 다 떨어지니 정신이 번쩍 들어 이공계 진학을 포기하고, 하고 싶었던 미대 입시를 준비했습니다.

2010

대학 시절 동기들과 과제전을 준비하던 중 짧게 자른 각목들로 젠가 게임을 하며. 꽤 오랫동안 콧수염을 기르고 다녔는데, 왜 그랬는지 지금은 이해가 되지 않습니다.

2012

26살, 자유분방해 보이고 싶어 이상한
파마를 하고 멋을 부렸습니다.

2014

졸업 후에 이런저런 일을 하며 지내다가
가끔 부업으로 워크스가 운영하는 이벤트
'과자전'의 행사 공간을 만들어주곤 했어요.

2015

한주원 씨를 만나 보광동에 첫 작업실을
얻었습니다. 수레에 데스크톱 하나와 카메라
가방, 전동 드릴을 싣고 저벅저벅 작업실로
향했던 기억이 납니다.

1991

세 살 때입니다. 인생 초반엔 별다른 장난감이 없어 할머니가 직접 만들어준 장난감이나 돌멩이를 가지고 놀았어요. 동물 뼈를 가지고 고인돌 놀이를 했던 게 떠오릅니다.

1995

초등학생 때부터는 레고가 넘쳐나는 유복한(?) 놀이 환경으로 바뀌었죠. 오른쪽은 남동생입니다.

한주원

1997

초등학교 3학년, 할머니 댁에서. 만들기를 좋아했지만 특별히 잘한 것 같지는 않아요.

2000

개웅초등학교 졸업 사진. 금색 링 프레임이
고급스러워 보이네요. 축구 선수가 되고
싶었습니다.

2010

대학생 때는 이론이 탄탄해야 작업을 할 수
있다고 생각해 각종 강연을 보러 다니고,
그래픽 디자인에도 관심이 많아 디자인과
수업을 청강하기도 했습니다.

2014

스페이스씨 미술관에서 설치 중. 학교를
졸업하고 현장에서 직접 목공을 하며
하나하나 배워나갔습니다. 디자인과 목공을
3년 정도 병행했죠. 비례감과 구조를 몸으로
체득했던 시간이었습니다.

2014

작은 수레에 꼭 필요한 공구들을 챙겨
현장을 돌아다녔습니다.

2016

야근하던 날의 코피….

2017

작업에도 요령이 붙고, 여유가 조금
생겼습니다. 다른 건 몰라도 줄자는 반드시
가지고 다녀요. 학창 시절 교수님이 줄자도
안 챙기는 사람은 학생 취급을 안 했던 게
생각납니다.

아카이브

더북소사이어티 책장

Ⓜ 가구
Ⓒ 더북소사이어티
Ⓨ 2014

통의동의 예술 서점 더북소사이어티 행사에 참석했다가
서점 대표 임경용에게 현장에서 주문을 받은 책장. 처음
진행한 커미션 작업이었고, 당시에는 책장을 어떻게
만들어야 할지 당최 모르겠어서 하나하나 공부하며
설계했다. 그러던 중 목수 권구광(KOO)을 만나게 되어
강원도에 있는 그의 집 앞마당에서 책장을 만들었다.
이후 클라이언트가 여기저기에 전시·설치 디자이너로
소개해준 덕분에 꽤 재미있는 프로젝트들이 이어졌다.
간단한 의뢰였지만 좋은 사람들과 인연을 맺고 지금까지
작업할 수 있게 해준 의미 있는 책장이다.

28(스물여덟)

Ⓜ 전시
Ⓒ 십년후연구소
Ⓨ 2014

국립한글박물관 별관에서 진행된 전시. 기둥이 무척 많았고, 실내외 구분이 뚜렷하지 않은, 해가 잘 드는 안채 같은 공간이었다. 기둥들을 피해 백색 가벽으로 작가들에게 개별 공간을 제공하는 것은 예산상 비효율적이고, 공간 연출 면에서도 무색무취라 새로운 소재를 쓰는 게 필요했다. 마침내 '렉산'이라는 반투명 골판 플라스틱을 기둥과 기둥 사이에 케이블 타이로 엮어 공간을 나눴다. 일광이 쏟아져 들어오는 전시실과 조화를 이뤄 렉산 뒤편으로 사람들이 지나다닐 때 효과가 좋았다.

유용한 책과 더 나은 생활
Ⓜ 전시
Ⓒ 프로파간다
Ⓦ 신동혁, 신덕호(그래픽
디자인)
Ⓨ 2014

책을 전시하는 것이라 책장과 테이블이 필요했다.
디자이너 신동혁이 만든 전시 포스터에서 쓰인 다채로운
색상을 테마로 삼아 책장을 만들었고, 테이블의 경우
상판을 받치는 네 개의 다리 중 하나를 의도적으로 짧게
만들었다. 클라이언트인 출판사 프로파간다의 책 중에서,
창간 이후 5년 동안 계간 『GRAPHIC』의 텍스트를 모은
벽돌 책 『TEXTS: GRAPHIC 2007-2011』를 받쳐놓으면
상판의 수평이 딱 맞도록. 그렇게 이 책은 이 전시에
'유용한 책'이 되었다.

도서관 독립출판 열람실
Ⓜ 전시
Ⓒ 계간 『GRAPHIC』
Ⓦ 김명수(기획),
신덕호(그래픽 디자인)
Ⓨ 2015

공공 도서관에 수집·보존되지 못했던 독립출판물을 모은 아카이브 전시.
국립중앙도서관에서 개최해 특별했다. 아이덴티티 디자인을 맡은 디자이너 신덕호와
논의하면서 국립중앙도서관 안에 또 다른 열람실을 구축하는 게 상징적으로 보일 것
같다는 확신을 공유했다. 잘 보면, 600여 권의 도서를 진열한 책장 외에 사서의 자리와
테이블, 시계, 책장 위에 부착되어 있는 도서 분류 기호 따위가 있다. 이곳이
열람실이라는 것을 보여주는 기호들이다.

**움직이는 구조체 —
파빌리온씨**

Ⓜ 전시
ⓒ 정림건축문화재단
Ⓦ 스튜디오 fnt
Ⓨ 2015

건축가 4팀이 지역 공동체를 위해 이동 가능한 형태의
파빌리온을 제안한 전시. 건축 전시라면 언제나
등장하는 보드 소재를 배제하고, 건축가들이 실제
사용했을 법한 테이블을 만들어 동선에 맞게 배치한 뒤,
관객들이 테이블을 따라 움직이며 작업 과정을
순차적으로 살펴볼 수 있도록 했다. 예산이 부족한
문제도 있었지만, 씨오엠을 결성한 이후 첫 프로젝트나
다름없어 작업실을 찾지 못한 채 여기저기 '움직이며'
일하고 있는 상태였기에, 모든 집기를 현장에서 조립
가능한 형태로 만들었다. 그 과정에서 생겨나는
구조적인 군더더기를 숨기지 않고 적극적으로
노출시켰는데, 이런 부분에서도 전시 주제가 간접적으로
드러난다.

아티스트 프루프 숍
Ⓜ 상점
Ⓒ 최경주, 이동열
Ⓨ 2016

판화가 최경주의 프린팅 레이블 아티스트 프루프의
쇼룸이자 프로젝트 공간. 작가가 직접 자신의 작업을
전시·판매하는 공간을 운영한다는 점도 그렇지만,
상권을 벗어나 북창동 어느 빌딩 3층의 작은 사무실
자리에 뜬금없이 자리 잡고 있다는 점에서 매혹적인
장소다. 빌딩 입구에서 벨을 누르고 들어와 3층까지
엘리베이터로 올라간 후 짧은 복도를 지나 단단한
철문을 열어야만 볼 수 있는 비밀스러운 공간인 만큼,
문을 열었을 때 주변 환경과 큰 대비를 이루는 특별한
풍경이 펼쳐지길 바랐다. 디자인 과정에서 최경주
작가의 판화 작업 방식과 합판을 오려내듯 재단해
사용하는 씨오엠 가구와의 유사성이 느껴졌다. 딱딱한
주변 환경과 대비되는 동시에 최경주의 오브제와도 닮은
꼬불꼬불한 가구들이 그렇게 만들어졌다.

사진: 텍스처 온 텍스처

불완전한 리스트
- Ⓜ 전시
- Ⓒ 일민미술관
- Ⓦ 더북소사이어티,
  테이블유니온
- Ⓨ 2016

가끔 제목에서 형태를 차용할 때가 있는데 이
프로젝트가 그렇다. '불완전한 리스트'는 소규모 그래픽
디자인 스튜디오가 제작한 일회성 인쇄물을 수집하고,
그 결과물을 특정 시간에 열람할 수 있는 일종의
마이크로 열람실이다. 일반적 형태의 도서 열람 가구로는
인쇄물들이 가진 특성(대부분 책등이 없는 한 장짜리)을
전혀 나타낼 수 없었다. 한편, 일민미술관 전시실 1층은
바닥에 고저차가 있는 게 특징인데, 이 턱에 끊어진
다리처럼 불안해 보이는 '불완전한' 형태의 좌대를
만들어 전시물을 수납한다면 과제가 해결될 것 같았다.
2016년 그래픽 디자이너 최성민, 김형진이 기획한 전시
《그래픽 디자인, 2005~2015, 서울》의 일부.

예술가의 문서들: 예술,
타이포그래피 그리고 협업
Ⓜ 전시
ⓒ 더북소사이어티
Ⓦ 테이블유니온
Ⓨ 2016

암스테르담의 예술 출판사 로마 퍼블리케이션스(Roma Publications)의 책을 모은
아카이브 전시. 이 출판사는 전시를 할 때 특별한 연출 없이 발행된 순서로 책을
보여주는 게 트레이드 마크다. 우리는 이 연출 방법을 극단적으로 확장해 전시실에
23미터 길이의 테이블을 설치하고 역대 발행물 전부를 나열했다. 전시 장소인
국립현대미술관 디지털아카이브실은 보통의 현대미술 전시장과 달리 해가 잘 들고,
바닥과 천장은 일반 사무실에서나 쓸 법한 타일 카펫과 텍스로 되어 있었다. 처음에는
공간 여건에 실망했으나, 가만히 보니 이곳을 계단형 라운지 형태로 연출한다면
사람들이 자연광 아래 책을 열람하는 따뜻한 분위기가 될 것 같았다. 그렇게 라운지를
조성했고, 전시 이후엔 지방 어느 빌딩 로비의 '진짜' 라운지로 재활용됐다.

변칙판타지
Ⓜ 무대
Ⓒ 정은영
Ⓨ 2016

여성 국극을 소재로 한 공연의 무대 미술을 맡은 작가 정은영은 첫 미팅에서 피날레 장면이 중요하다고 강조했다. 피날레에서 등장인물 모두가 화려한 의상으로 갈아입고 춤추며 나오는데, 이 장면의 무대 역시 등장인물처럼 옷을 갈아입도록 연출하면 어떨까 싶었다. 극이 진행됨에 따라 천으로 덮인 대도구들이 하나둘 무대로 등장한다. 피날레로 돌입하면 대도구를 덮고 있던 천들이 무대 장치에 의해 하늘로 끌려 올라가 제거된다. 천 아래에는 여러 색상의 조명기가 숨겨져 있고, 이것을 백스테이지에 대기하고 있는 무대 전환수들이 조명 스위치를 빠르게 조작해 조명이 깜빡이는 효과를 줬다. 스위치를 조작하는 것이 무척 불편했는데, 어느 날부터 누군가가 오락기 버튼으로 개조해 사용했다.

**SeMA 전시 아카이브
1988–2016: 읽기 쓰기
말하기**
Ⓜ 전시
ⓒ 서울시립미술관
Ⓦ 박가희(기획),
신신(그래픽 디자인)
Ⓨ 2016

서울시립미술관이 개관 이래 개최했던 전시를
선별적으로 조명한 아카이브 전시. 1988년부터
2016년까지 긴 시간 동안 서소문 본관뿐 아니라 남서울,
북서울 전시장에서 열린 전시까지 방대한 자료를
정리하고 기록하는 것이 급선무였다. 큐레이터 박가희는
이 자료들을 액셀 시트에 빼곡히 정리해 전달해줬다.
우리는 이 정보들이 단순히 친절한 관람을 위해 연출된
동선에서 납작하게 축약되어 보이기보다는, 관객 각자의
경험과 기준에 따라 다양하게 독해되길 원했다. 액셀
시트의 선과 칸을 그대로 입면 삼아 장소를 의미하는
가로축과 시간을 의미하는 세로축을 가진 선반을 제작한
이유다.

사진: 김상태, ⓒ 서울시립미술관

풋업 앤드 리무브(Put Up & Remove)
Ⓜ 전시
ⓒ 계간 『GRAPHIC』
Ⓦ 배민기(그래픽 디자인)
Ⓨ 2016

2016년 말 홍대 앞 일원에서 벌어진 포스터 전시 《포스터 이슈 2016》의 프로그램 중 하나인 배민기의 개인전 설치 작업. 전시 내용은 제목 그대로 포스터를 '붙이고, 떼는' 방법을 보여주는 것. 그래픽 디자인 관련 전시의 공간 디자인에선 항상 '어떻게 납작한 종이를 3차원 공간에 놓을 것인가'가 문제다. 때론 이 고민의 결과가 과설계 디자인으로 귀결되기도 한다. 우리는 이 전시를 기회 삼아 '포스터를 잘 붙이는 법'에 대한 포스터를 제작한 디자이너 배민기에게 역으로 포스터를 잘 붙여주길 요청하며 마치 난센스 퀴즈 같은 구조물 10개를 제멋대로 설계해 전시장에 설치했다.

사진: 정유진(Meltingframe), © 포스트 서울

섭스탠스
Ⓜ 바(BAR)
ⓒ 장윤우
Ⓨ 2017

서울 이태원동의 바 섭스탠스의 공간 디자인 의뢰가
들어왔을 때는 이미 망원동에서 첫 번째 매장이 운영
중인 상태였다. 지하에 위치한 그 매장은 일반적인 바와
달리, 하얀 벽 가득 붙어 있는 그래픽 포스터들과
알록달록한 파스텔 톤 빛을 내는 조명이 인상적인
공간이었다. 우리는 망원동 지하에 가득했던 빛과 색과
그림자를 그대로 가져오기로 하고, 이 셋을 모두 담을 수
있는 재료로 다양한 색의 아크릴을 선택했다. 투명한
아크릴을 이용해 빛이 퍼지는 듯한 형태의 테이블을
만들고, 무대에서 사용되는 무빙 라이트를 공간에
설치해 아크릴을 통과한 빛이 시시각각 다른 모양의
그림자를 공간에 투과하도록 했다.

유어마인드
Ⓜ 서점
ⓒ 모모미, 이로
Ⓨ 2017

홍대 앞에서 7년간 운영하며 국내 독립출판 시장에 크게
기여한 서점 유어마인드가 연희동으로 이사하면서 맡게
된 프로젝트. 텍스트를 다루는 클라이언트답게 원하는
공간에 대한 생각을 A4 두 장 분량의 문서로 정리해줬고,
그중 다음 세 가지를 큰 지표로 삼아 디자인을 진행했다.
① 휴먼 스케일을 고려한 설계. ② 독립출판물의 다양한
판형을 소화할 수 있는 책장. ③ 고양이가 거주할 수 있는
환경. ①을 고려해 허리 높이를 기준으로 아래로는
수납함, 위로는 입식 책장, 가운데는 와식 매대를 뒀다.
②를 위해 세로로 좁고 촘촘한 칸의 책장과 더불어
다양한 굿즈를 소화할 수 있는 매대를 뒀다. ③을
위해서는, 고양이의 습성을 고려해 매대마다 책의
추락을 방지하는 턱을 설치하고 곳곳에 작은 고양이
통로를 조성했다. 한정된 조건 안에서 밀도 높은 공간을
구성하고 가구 마감의 질을 높이기 위해, 그동안 쌓인
노하우를 바탕으로 CNC 재단 후 조립하는 방식으로
가구를 제작한 것이 의미가 있었다.

캐비넷

Ⓜ 상점/카페/베이커리
Ⓒ 이광무, 이찬희
Ⓦ 신신(서체 디자인)
Ⓨ 2017

그래픽 디자이너 이광무가 베이킹 용품 판매점 겸 카페 겸 베이커리 공간 디자인을 요청했다. 오래전부터 구상해온 터라 그래픽 디자이너 듀오 신신과 함께 매장에서 쓸 서체와 일러스트 개발을 이미 끝낸 상태였다. 첫 미팅에서 클라이언트는 애니메이션 〈심슨〉의 한 장면을 차용한 미술가 윤향로의 작품 하나와 에드워드 호퍼의 작품 하나를 보여주며, 이런 분위기를 원한다고 했다. 클라이언트가 디자이너인 경우의 장점은 서로의 생각을 풍성하게 만들 수 있다는 점이다. 매장 바닥을 테라초(대리석 파편을 시멘트와 함께 굳힌 것, 일명 도끼다시)로 하면 좋겠다는 요청이 있었는데, 우리는 그 소재가 맘에 들지만 유행을 탈 것 같아 컬러 콘크리트 위에 우레탄 컬러칩으로 마감해 좀 더 캐주얼하게 연출하는 안을 제안했다. 반대로 클라이언트는 우리가 디자인한 가구가 조금 일반적으로 보인다며 일러스트로 숨구멍을 더하자는 의견을 냈다. 그런 식으로 살을 붙여나갔다. 벽을 칠할 때도 해가 잘 드는 부분과 그렇지 않은 부분을 구분해, 그에 따라 명도를 조절할 정도로 예민하게 작업했다. 캐비넷 매장 카운터에는 시작점으로 삼았던 윤향로의 그림이 걸려 있다.

15

시티 코르타니아
Ⓜ 설치 미술
Ⓦ 윤율리(기획),
모조산업(그래픽 디자인)
Ⓨ 2017

다른 이의 전시 공간을 만들어주거나 상업 공간 커미션 작업을 하던 우리의 첫 단독 전시다. 우리는 총괄을 맡은 큐레이터 윤율리와 오랜 논의 끝에 그동안의 조형 언어와 변칙적인 제작 방식을 극단적으로 과장시켜 적용하기로 하고, 클라이언트의 부재(不在)를 악용해 인체적 척도나 실용상의 제약 없이 심미적 비례감에만 초점을 맞춘 가구를 제작하기로 했다. 특히 '코르타니아'라는 가상의 도시를 설정해 지금까지 납작하고 해맑게 차용했던 과거의 어떤 장소나 형식에 관한 근거를 마련하고 이를 최대한 활용했다. 사실상 가구의 기능을 잃고 형식만 빌린 이 전시작들의 실제 용도는 각각의 작품명에서만 또렷이 확인될 것 같지만, 전시가 끝난 후 여기저기 팔려나가 실제 가구로 활용되고 있다(고 한다).

사진: 조재무, © 아카이브 봄

16

과자전: 서울 케이크 위크
2017
Ⓜ 전시
Ⓒ 과자전
Ⓨ 2017

과자전 기획단으로부터 다양한 주제의 케이크를 전시할 수 있는 집기를
디자인해달라는 의뢰를 받았다. 케이크라는 전시품은 형식이나 크기상 제약으로
전시장에서 돋보이기 어렵기 때문에 오브제를 직관적으로 드러낼 만한 연출이
필요하다고 판단했다. 그런 관점에서 케이크의 빵 부분과 유사한 색과 질감을 가진
스펀지와, 평소 사용할 적에 마구 떨어지는 가루로 보나 그 강도로 보나 영락없이
쿠키를 연상시키는 파티클 보드를 이용해 적층식으로 이뤄진 케이크의 구조를 재현한
좌대를 제작했다. 내친김에 전시 좌대의 100:1 모형을 케이크로 제작해보기도 했다.

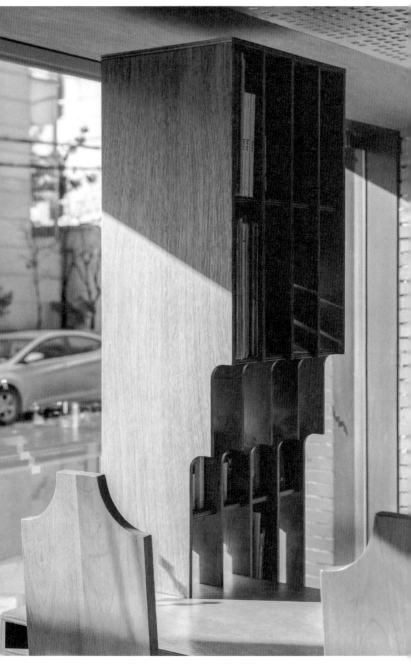

사진: 텍스처 온 텍스처

대충유원지

Ⓜ 가구
Ⓒ 대충유원지
Ⓦ 푸하하하 프렌즈,
스튜디오 fnt
Ⓨ 2017

건축 사무소 푸하하하 프렌즈가 자신들이 맡은 공간 프로젝트에 적용할 목적으로 스튜디오 fnt에는 아이덴티티 디자인을, 우리에게는 가구 제작을 요청했다. 클라이언트는 미팅 때 거의 말이 없을 정도로 과묵했다. 찔러보는 마음으로 몇 차례 안을 들고 갔지만 우리도 사실 별로 맘에 안 들고, 푸하하하 프렌즈도 '왠지 아닌데 뭐가 아닌지는 모르겠고…' 하는 반응이었다. 약간 절박한 마음이 드는 와중에 미팅 때마다 클라이언트가 쓰고 나타나던 페도라(차양이 위로 휜 중절모)가 떠올랐다. '페도라' 하면 서부 개척 시대의 긴 바도 생각나고, 모자를 벗을 때 손자국이 남긴 곡선도 독특해 그런 형태를 기초로 가구를 디자인했다. 곡선이 들어간 가구와 푸하하하가 설계한 계단형 벽면을 토대로 fnt는 천장에 들어갈 조명 디자인을 했고, 결국 이 모든 것이 한자리에 모인 날, 왠지 대충한 게 없는 대충유원지가 완성됐다.

바 스톤에이지
Ⓜ 바(BAR)
ⓒ 전홍필
Ⓨ 2018

홍대에 위치한 위스키 바로 오랫동안 인디 음악 레이블을 운영했던 클라이언트가 의뢰한 공간이다. '스톤에이지'라는 이름에서 영향을 받은 것인지, 아니면 2층이지만 고저차가 높은 입구에서 전체 공간을 내려다보며 진입해야만 하는 공간의 특성 때문이었는지, 처음 공간을 방문했을 때 고인돌처럼 묵직하고 수평적인 가구들이 바닥에 차분히 붙어 있는 풍경이 상상됐다. 음악이 중요한 비중을 차지하는 공간인 만큼 단순히 긴 바로 이뤄진 공간보다는, 누군가의 겨울 별장이나 응접실에 앉아 음악을 감상하는 기분이 드는 공간을 만들고 싶었다. 소재에서도 라왕 합판의 소박하고 자연스러운 느낌은 가져오면서 면재 특유의 가벼운 느낌을 지우기 위해 손이 많이 가더라도 합판의 모든 단면을 45도 커팅하여 접합해 가구를 제작했고, 대조적으로 음료 선반은 거친 금속으로 투박하게 제작해 벽에 걸어뒀다. 술을 판매하는 공간임에도 바닥은 두터운 카펫으로 마감했다. 발걸음에서 느껴지는 소음을 줄이고 청각에 집중할 수 있도록.

사진: 텍스처 온 텍스처

SM Makes !t
Ⓜ 전시
Ⓒ SM 엔터테인먼트
Ⓦ 민희진+윤민수(디렉션
& 큐레이션), CRAFIK,
HALOMINIUM, PRAG
Ⓨ 2018

SM 엔터테인먼트의 새로운 비주얼 아이덴티티를 소개하는 전시. SM의 아이덴티티는 무한한 변형이 가능한 선적 요소를 중심으로 만들어졌다. 심볼 역시 S와 M 두 글자가 마치 우로보로스·뫼비우스의 띠처럼 이어진 형상이다. 전시 기획을 총괄한 SM 크리에이티브팀과 논의 끝에 이 부분에서 힌트를 얻어 전시 집기가 서로 유기적으로 연결되어 평면도상에서는 SM 로고처럼 보이지만, 실제 사람들이 관람하는 눈높이에서는 다양한 높낮이를 가진 일종의 롤러코스터 같은 유기적인 전시 집기로 보이도록 연출했다. 전시장 근처 SM사옥 1층 카페에도 동일한 조형 언어로 대형 테이블을 설치해 높낮이가 서로 다른 테이블과 의자에 사람들이 앉아 쉴 수 있도록 했다.

시네마 숍 & 오피스
Ⓜ 사무실 /상점
Ⓒ 프로파간다 (디자인 스튜디오)
Ⓨ 2018

가끔 아주 추상적이지만 구체적인 표현으로 원하는 공간을 묘사하는 클라이언트가 있다. 영화 포스터와 관련된 작업을 하는 그래픽 디자인 스튜디오 프로파간다는 자신들의 사무 공간과 더불어 근 10년간 쌓아온 작업물과 영화 자료를 전시할 수 있는 아카이브 공간을 의뢰하며 "베를린 어느 골목에 있는 오래된 독립영화관 창고" 같은 공간을 원한다고 했다. 베를린에 가본 적이 없는 씨오엠은 깊은 절망에 빠졌지만, 영화적 상상력을 동원해 베를린 골목을 거닐다 발견한 아늑하지만 무관심하고 여유롭지만 실용적으로 구성된 공간을 만들어보려고 했다. 높지 않은 천장과 벽, 가구를 하나의 재료로 만들어 공간 밀도를 낮추고, 덩치가 크지만 단순한 선으로 이뤄진 포스터 함과 선반을 제작했다. 사실 공간에 대한 묘사는 낡은 사진 한 장에 담긴 공간의 공기를 기억하는 것과 같을 때가 있다. 완성했을 때, 원하던 대로 됐다는 클라이언트의 말에 묘한 안도감을 느꼈다.

트로피를 들어 올려라
임나리(뉴프레스 대표)

스튜디오 씨오엠을 처음 만난 건 나와 동업자가 운영하는 온라인 매거진 『포스트 서울』의 론칭을 기념해 2016년 6월 합정동 29cm 사옥에서 개최한 전시 《영 서울 바이 포스트 서울(Young Seoul by Post Seoul)》의 공간 디자인을 의뢰하면서였다. 당시 '촉망받는 디자이너'라는 수식어가 이들을 소개하는 은밀한 지침서였는데, 터무니없는 예산과 어이없는 일정에 함께해줄 사람을 수소문하다 우리 입장에서는 지인 찬스가 얻어걸린 격이었다.

　　서른이 되지 않은 두 청년을 모처 카페에서 만났다. 긴 말을 하지 않는 화법과 어리숙한 처세가 우리에게 불안을 야기했지만 어딘가 '힙'스러운 구석이 있었다. 그것은 우리를 구원해줄 거란 믿음으로 작용했다. 씨오엠은 연달아 치른 전시 작업으로 지쳐 있었고 휴가를 계획 중이었지만 우리의 애처로운 상황을 외면하지 못한 마음 여린 청년들이기도 했다. 서울에 대한 각기 다른 시선을 가진 젊은 사진가 5명이 함께하는 아주 작은 사진전이었던 《영 서울 바이 포스트 서울》은 사실 씨오엠이 없었다면 엉망진창으로 흘러갔을 테다. 사진의 배열과 크기에 따라 책상형 전시대를 맞춤 제작해, 우리에게는 다소 과분했던 공간 안에 동선을 구성하고 자연스레 작품 배치를 한다는 아이디어가 신선했다. 알고 보니 씨오엠은 적은 예산, 짧은 제작 기간이라는 악조건 일로인 전시 디자인의 구원 투수로 등장하며 자신들의 성장 드라마를 쓰고 있었다.

　　스튜디오 씨오엠(COM)의 이름을 처음 봤을 때 사실 어떻게 읽어야 할지 몰랐다. 수많은 이름 후보 중에는 록 밴드, 노래 제목, 심지어 요양원 이름 같은 것도 있었다고 한다. 'COM'의 치명적인

《영 서울 바이 포스트 서울》 전시장. 사진: 포스트 서울

문제점은 바로 웹에 있는 모든 것들이 검색에 걸린다는 것이었다. 야한 사진, 도박 사이트, 임플란트와 다이어트 광고까지. 그렇지만 이젠 업계의 아는 사람은 '씨오엠'이라고 또박또박 읽는다. 전시뿐만 아니라 다양한 상업 프로젝트도 진행하고 싶다며 야망을 나직이 읊조리던 그들은 이제 전시, 무대, 상업 공간, 가구 등 다양한 영역을 종횡무진하며 자신만의 뚜렷한 공간 조형 언어를 선보이고 있다.

스튜디오 씨오엠이 2015년 아르코미술관에서 열린 전시 《움직이는 구조체—파빌리온씨》의 공간 디자인을 필두로 가파르게 두각을 나타낸 분야는 의심의 여지없이 전시 공간이다. 이 영역에서 스튜디오 씨오엠은 전시 기획과 전시 그래픽 디자인이 공간 속에 논리적으로 맞아떨어지는 지점을 찾는 영리함과 해석력을 빛낸다. 큐레이터와 그래픽 디자이너의 분명한 방법론을 자연스레 공간으로 치환하는 능력이 이들에게는 있다. 큐레이터가 아카이브를 엑셀 파일로 정리한 문서를 그대로 공간화한《SeMA 전시 아카이브 1988-2016》, 도서관에서 책을 분류할 때 사용하는 십진분류법을

독립출판물에 적용하고 가짜 ISBN까지 부여해 관람객의 작동
무대로 만든 《도서관 독립출판 열람실》, 23미터 길이의 긴 테이블을
놓고 동선에 따라 250여 권의 책을 훑어볼 수 있게 한 《예술가의
문서들: 예술 타이포그래피 그리고 협업》 등을 보면 이들의 전시
공간은 단순히 강렬한 시각 경험에 초점을 맞추지 않는다. 전시
기획을 공간으로 설득력 있게 재해석한다. 스튜디오 씨오엠의
전시 공간 디자인은 전체를 마감할 시간과 돈이 없어 대부분 집기
디자인 위주로 흘렀는데 MDF, 파티클 보드, 합판, 각재 등과 같은
저렴한 건축 재료를 주로 사용했다. 경제적으로 풀어낸 집기 구조가
아이러니하게도 관람객이나 전시 관계자를 어필했다. 이들은 이때
'가난의 노하우'를 배웠다고 고백한다. 이런 기저가 깔려 있어서
그런지 일반 인테리어 스튜디오가 보여주는 균질한 세련됨이나
매끈한 노련함이 없었다.

그 기획자의 의도가 중요한 전시 공간과 달리 상업 공간에서
스튜디오 씨오엠은 이전과 다른 미감을 보여준다. 유년 시절
뮤직비디오나 만화 같은 영상을 통해 취득한 감성이 자연스레
작업에도 드러나고, 이런 감성은 공간의 톤과 분위기 등에서
감지된다. 최경주 작가가 사용하는 기하학을 그대로 공간에
흩뿌려놓은 아티스트 프루프 숍, 색색의 아크릴로 종이접기를 한
것 같은 경리단길의 바 섭스탠스, 웨스 앤더슨의 영화 세트장처럼
빛 바랜 색감과 동화적인 분위기가 아련한 소소문구 쇼룸, 작은
동굴 같은 장차 쇼룸 등을 보면 이들의 작업은 '꾸며 만드는' 공작
놀이를 연상시킨다. 상업 공간의 기능을 충족시키는 것을 넘어서
어떤 무대로 우리를 초대하는 것 같다. 이들의 공간은 일상을
강조하기보다 특별한 무대로 호기심을 자극한다.

그 지난해 스튜디오 씨오엠은 아카이브 봄에서 개인전 《시티
코르타니아》를 열었다. 클라이언트가 없었던 이 전시는 아마 가장
씨오엠다웠을 것이다. (미안하지만 육아에 전력을 다하던 시기라
가보지 못했다.) 이들은 가상의 도시 '코르타니아'를 상정하고

《시티 코르타니아》 전시장 입구. 사진: 조재무, © 아카이브 봄

그곳의 건축 양식을 상상했다. "이 도시는 해안가에 세워졌으며
이 때문에 고대 도시 때부터 적을 감시해온 첨탑이 선조들의
유산으로 남겨졌다"고 전해진다. 거기에는 어떤 가이드라인도
간섭도 없었다. 이미지만으로 본 코르타니아는 비장미와 숭고미가
흘러넘쳐 무슨 일이 일어나기 전의 도시 같다. 왕좌 같은 원형
의자, 로마네스크와 고딕이 혼재된 아치형 가구, 중세 시대 첨탑
같은 가구는 한결같이 수직성을 강조해 욕망의 높이를 경쟁하는
조각들이었다. 전시장 입구 '위에' 올려진 트로피 조형물은 자신들의
승리를 기념하는 가장 상징적인 조각이었다. 단순함의 미학이
주류를 이루는 디자인 업계에서 이들이 추구하는 미감은 상당히
흥미롭다. 《시티 코르타니아》의 모순적인 지점은 이들이 다양한
건축 양식, 가령 엄청난 노동력과 시간과 자본을 요하는 고전 건축
양식을 참고해 만든 가구들이 전부 합판으로 제작됐다는 것이다.
알바르 알토(Alvar Aalto), 찰스 앤 레이 임스(Charles & Ray
Eames) 같은 20세기 디자이너들이 대량 생산과 가격 절감을 위해
합판이란 재료를 선택했다면, 21세기 한국 디자이너 역시 대량 생산
'혹은' 가격 절감, 제작의 용이성을 위해 체리목 합판, 나왕 합판 등
다양한 종류의 합판을 선택한다. 합판은 전후 세대와 저성장 세대가
동시에 선택한 재료였고, 어쩔 수 없이 단순한 디자인으로 수렴했다.
스튜디오 씨오엠은 의기양양하게 복잡다단한 형태의 가구를 모두
'컴퓨터 목공'을 활용한 조립으로 완성했다. 숱한 평면 조각을 쌓아
올려 입체를 구축한다. 웅장한 프라모델을 만들듯이.

　　　"우리도 우리만의 스타일로 밀어붙여 상업적인 성공을
이뤄보고 싶은 욕심이 있어요"라고 말하던 스튜디오 씨오엠. 야망과
수줍음을 함께 갖고 있는 묘한 이들에게 전시장의 트로피는 아마도
진심 어린 유머였겠지만, '우리만의 스타일'을 잃지 않는다면, 그래서
주류가 보여주는 미학에서 행로를 계속 이탈한다면, 이들은 이
치열한 도시에서 결국 트로피를 들어올리지 않을까?

임나리

월간 『디자인』 기자를 거쳐, 현재 온라인과 오프라인 양쪽에 발을 담그고 다양한 콘텐츠를 기획하고 만들고 퍼트리는 뉴프레스의 공동 대표이자 라이프 스타일 매거진 『포스트 서울』의 공동 기획자로 활동 중이다.

공간 디자이너가 되는 법

의뢰인이 분명히 존재하는 점, 여러 분야의 전문가와 협업하는 점,
명확한 작업 일정이 제시되는 점 등을 상기하면 공간 디자이너는
영화감독과 비슷한 성격의 직종이라고 말할 수 있다. 영화감독은
제작자의 연출 의뢰에서부터 시작해 시나리오 작가, 캐스팅 디렉터,
배우, 촬영 감독 등 수많은 사람과 협력해서 작품을 만들어나간다.
영화 제작 과정은 온갖 변수들이 충돌하는 현장의 모습 그대로다.
거기서 감독은 항상 전지적 관점으로 순서를 조정하고 모든
이에게 자신의 비전을 전달한다. 공간 디자이너 역시 마찬가지다.
클라이언트의 요구를 적절히 소화해 최적의 시안을 도출하는 한편,
함께 일할 인력 체계를 조직하고, 현장 스태프를 지휘하여 자신이
원하는 형태의 조형을 일정에 맞춰 정확히 완성한다.

당신이 영화감독이 되고 싶다면 방법은 크게 두 가지가 있다.
하나는 영화 관련 교육을 수료한 뒤, 조감독 말석으로 현장에 들어가
일정 기간 수련을 거친 다음 감독 데뷔 기회를 노리는 것. 다른
하나는 자기 자신이 제작자 겸 연출자로서, 즉 독립영화 감독으로서
영화판에 들어서는 것. 공간 디자이너가 되는 방법도 비슷하다.
공간 디자인 관련 회사에 들어가 현장 경험을 충분히 쌓고, 그
과정에서 알게 된 인맥을 바탕으로 독립하는 쪽. 처음부터 자신만의
스튜디오를 직접 차리고는 작은 규모의 프로젝트에서 시작해
지명도를 차근차근 쌓는 쪽. 물론 분명한 장단점이 있다. 각자의
상황, 숙련도, 경험, 성격 등을 고려해 선택할 문제이지만 일반적으로
후자가 큰 리스크를 가진다.

스튜디오 씨오엠의 두 사람은 회사 등지에 몸담은 적이 없다.
대학 졸업 후 현장에 바로 뛰어든 사례다. 씨오엠이 처음 활동을
시작한 분야는 전시 공간 디자인이다. 한국 미술·디자인계의 특성

하나는 끊임없이 열리는 크고 작은 전시 중 일부를 제외하고는 저예산 프로젝트라는 점이다. 그들은 그러한 현실적인 제약을 극복해내고, 의뢰인의 요청에 적절히 부합하는 결과물을 내놓는 한편, 자신만의 색깔을 표현하는 데 성공해 의뢰가 꼬리를 물고 이어지는 선순환 구조를 만들었다. 목전의 이익에 표나게 연연하지 않는 사업적 감각과 특유의 성실성, 원만한 성격도 그들의 성과에 한몫했다. 당신이 만약 이 분야에 도전하고자 한다면 작은 규모의 전시 공간 디자인을 시작점으로 삼는 것도 고려해볼 만하다. 당신의 아이디어가 예산의 조건을 압도할 정도라면 당신의 미래는 밝을 것이다.

공간 디자이너가 되기 위해서는 무엇을 어떻게 해야 할까? 무슨 준비를 해야 하나? 어떤 전략으로 접근하는 게 현명할까? 공간 디자이너를 지망하는 이가 궁금해할 법한 질문을 정리해 씨오엠에게 답변을 부탁했다. 물론 이들의 대답이 모두에게 들어맞는 해법을 아닐 테지만, 현실적인 조언 중 하나로 들어보면 좋겠다.

스튜디오 씨오엠의 김세중, 한주원이 말하는
'공간 디자이너가 되려면?'

Q 공간 디자인이 무엇인지 쉽게 설명해주세요. 인테리어 디자인이랑 뭐가 다른가요?

인테리어 디자인이라고 하면 상업 공간이나 주거 공간에 한정된 작업이라는 인상이 있고, 전시 디자인이라고 하면 역시 전시 공간을 디자인하는 작업만 지칭하는 듯한 인상이 있죠. 공간 디자인은 이 모든 것을 아우르는 개념이라고 생각하면 될 것 같습니다. 인테리어 디자인, 전시 디자인은 물론이고 물리적인 공간에 개입해 뭔가를 조성하는 모든 일을, 저희는 공간 디자인이라 소개하고 있습니다.

Q 고등학생입니다. 공간 디자이너가 되려면 어떻게 해야 하나요? 대학에 진학해 관련 학과에 가는 게 도움이 될까요?

대학교의 관련 학과를 졸업하는 것이 가장 좋은 방법인지는 모르겠지만, 가장 안정적인 방법인 것은 확실합니다. 당연히 관련 지식을 집중적으로 가르칠 테니, 디자인의 기본 원리를 학습하거나 기술적인 부분을 배워 기본기를 다질 수 있습니다.

Q 공간 디자이너를 꿈꾸는 대학 신입생입니다. 무슨 공부를 하는 게 좋을지요?

대학교 초년에는 좋은 디자이너가 되려고 애쓰기보다는 스케치업, 포토샵, 일러스트레이터 등 디자인 관련 프로그램을 손에 익히길 추천합니다. 이를 등한시하다 보면 훗날 취향이나 미감이 형성된 후 정말 하고 싶은 일을 해내야만 할 때 결정적인 장애물이 될 수 있습니다. 삼차원을 다루고 장면에 집중해야 하는 공간 디자인이라는 직업의 특성상 카메라의 원리나 사진에 대해 공부하는 것도 도움이 될 수 있어요. 툴을 능숙하게 다루는 건 정말 중요합니다.

Q 재능이 있는지 없는지 잘 모르겠어요. 공간 디자이너의 재능이란 뭘까요?

공간 디자인은 많은 작업자들이 얽히고설킨 현장에서 실현하고자 하는 디자인을 끝없이 관철시키는 과정의 연속입니다. 이렇게 말하면 멋있어 보이지만, 사실은 엄청 시끄럽고 먼지 많은 곳에서 한껏 예민해진 작업자들에게 계속 뭔가를 지적하고 부탁해야 한다는 이야기입니다. 이때 분명한 말이나 행동으로 의사를 타진할 수 있고, 이 과정에서 큰 에너지 소비나 스트레스가 없다면 좋은 재능을 가졌다고 할 수 있습니다. 우리는 이 재능이 없어서 굉장히 고생하고 있습니다. 또한, 이것이 재능인지는 모르겠지만, 모르는 건 모른다고 즉각 대답할 수 있는 성격이 필요합니다. 다양한 분야의 전문가들이 현장 용어를 남발할 때 모르는 단어가 나오면 그 즉시 물어보면서 소통해야 합니다. 공간 디자인의 특성상 아는 척하고 대충 넘어간 일들이 쌓여 나중에는 수정조차 불가한 상황으로 치닫습니다. 더불어 조금이라도 고마운 일에는 '감사합니다', 미안한 일에는 '죄송합니다'라고 표현해야 합니다. 공동 작업이기 때문이죠. 힘든 일은 금방 잊어버리는 재능도 있으면 좋습니다. 바로 전에 작업한 일에서 스트레스 받았던 부분을 잊고 좋았던 점만 기억에 남긴다면, 다음 프로젝트에서도 주저 없이 용감하게 직진할 수 있으니까요.

Q 제품 디자인을 전공하는 학생입니다. 공간 디자인에 매력을 느껴 진로 변경을 고민하고 있습니다. 다만 개인 스튜디오를 차려도 누군가 일을 의뢰해야 할 텐데, 연줄도 없고 막막합니다. 첫 일을 어떻게 수주해야 할까요?

우선 자체 프로젝트를 진행해서라도 포트폴리오 페이지나 SNS 계정을 만드는 것이 중요합니다. 디자인을 할 사람이라면 당연히 매력적인 웹사이트를 준비해야겠고요. 그리고 본인이 평소에 가까이하고 싶던 사람들이 모일 만한 행사에 참여해 본인이 작업자라는 점을 어떻게든 어필하세요. 입 꾹 다물고 알아봐주길

기다리고 있으면 남들은 당신에게 전혀 관심을 갖지 않습니다. 그렇게 해서 어렵게 모셔온 작업일지라도, 처음부터 흥미롭다거나 금전적으로 큰 이득을 낼 가능성은 높지 않습니다. 그러나 어떻게든 좋은 부분을 찾아 본인 실력으로 엎치고 메치는 서커스를 해서 조금이라도 성공시킨 프로젝트는 반드시 다른 프로젝트로 연결됩니다. 이런 순환 속에서 몇 년을 보내면 어느 순간 들어오는 의뢰의 규모가 조금씩 커지고 있음을 발견할 것입니다.

Q 대학 진학엔 뜻이 없습니다. 고교 졸업 후 바로 현업에 종사하고 싶습니다. 가능할까요?

가능은 하겠지만 고군분투하며 써야 하는 기회비용을 생각하면 쉽지 않을 것 같습니다. 공간 디자인은 본인의 미적 감각만 가지고 진행하긴 힘든 일입니다. '이렇게 생긴 게 여기 만들어지면 좋겠다' 정도의 머릿속 상상을 현실에 구현해내는 능력이 디자인을 잘하는 것만큼 혹은 그 이상으로 중요합니다. 도면을 작성하거나 읽는 능력도 필요하고, 여러 프로그램을 다뤄야만 프로젝트를 이끌어갈 수 있는데, 매년 대학에서 그런 능력을 가진 수많은 인재들이 배출되므로 경쟁력이 부족할 듯합니다. 백지상태에서 현업에 뛰어들어 좌충우돌하며 배우기보다 대학에서 놀며 공부하는 게 빠를 겁니다.

Q 공간 디자인을 하려면 컴퓨터에 능해야겠죠. 꼭 익혀야 하는 프로그램이 있을까요?

스튜디오 씨오엠 입장에서 각 프로그램의 활용도에 순서를 매기면 다음과 같습니다. ①스케치업. ②오토캐드. ③인디자인. ④일러스트레이터. ⑤엑셀류의 서식 프로그램. ⑥포토샵. ⑦라이트룸. 이외의 프로그램을 쓰는 경우는 거의 없습니다.

Q 졸업을 앞두고 인테리어 회사에 취직할 것인지 독립할 것인지 선택의 기로에 있습니다. 조언 부탁합니다.

학생 때부터 일을 맡아 진행해본 경험이 있거나, 졸업 후 바로 일을 수주할 능력이 있고 본인도 그렇게 사는 게 즐겁다면, 누가 뭐라 해도 당신은 자연스럽게 독립을 할 거라 생각합니다. 공간 디자인은 클라이언트 없이 포트폴리오를 쌓는 게 불가능한 직종입니다. 컴퓨터로 아무리 훌륭하게 디자인하고 그럴싸하게 시뮬레이션을 한들 시공되지 않은 것은 그 가치를 인정하기 어렵기 때문입니다. 졸업 직전까지 실무 경험이 없다면 일단 인테리어 관련 회사에 들어가 선배들 곁에서 일해보는 걸 추천합니다. 무엇보다 실무 경험 없이 혼자 일하게 된다면, 감당하기 어려운 금전적인 피해를 입거나 남에게 손해를 끼칠 가능성이 매우 높습니다.

Q 이 분야에도 쟁쟁한 고수들이 활동할 텐데, 비집고 들어갈 틈이 있을까요?

저희도 비슷한 생각을 하며 일을 시작했습니다. "내가 재능이 없나?" 하는 좌절감을 줄 정도로 우러러볼 수밖에 없는 작업자는 여전히 많지만 어떻게든 생업으로 삼아 허우적거리는 중이죠. 본인의 작업 방식이나 결과물이 좋다면, 어떻게든 일을 맡을 수 있는 기회가 주어지고 작업 의뢰가 이어진다면, 어느 결정적인 순간이 분명히 올 것입니다.

Q 유학이 도움이 된다고 생각하세요? 씨오엠은 비유학파로 알고 있는데요.

해외에서 활동하는 것이 목적이라면 유학이 좋은 첫걸음이겠죠. 국내 활동에 유학이 도움이 되느냐는 물음에는 조금 회의적인 입장입니다. 물론 모든 교육이 그렇듯 알게 모르게 언젠가 도움되는 부분이 분명 있겠지만, 유학 경험이 없다고 해서 어떤 결핍이 생기진 않는다는 뜻입니다. 교육 자체에 흥미가 있어서 언젠가

강의를 하거나 교수직을 겸하고 싶다면 유학을 다녀오는 것이 좋지 않을까요?

Q 공간 디자이너라는 직업을 말리고 싶은 이유 세 가지, 그럼에도 권하고 싶은 이유 세 가지를 꼽는다면?

말리고 싶은 이유 세 가지. ①디자인을 구현하는 과정에서 다양한 작업자를 만나 일을 상의하고 지시하고 부탁해야 하는데, 이 과정에서 유쾌하지 못한 일이 발생하기 십상입니다. 예를 들어 바닥 면에 콘크리트 질감을 내기 위해 모르타르를 사용할 때, 양생 과정에서 대기 온도가 낮으면 진회색으로 뜨거우면 연회색으로 나올 확률이 높은데, 시공자이 이런 것을 책임지지는 않기 때문에 공간 디자이너가 이를 노심초사 고려해야 합니다. 이런 상황이 모든 공정에 걸쳐 있으니, 큰 스트레스를 유발하는 노동 환경이 아닐 수 없습니다. ②좋은 결과물을 내기 위해서는 먼지가 많은 현장을 밥 먹듯 드나드는 일이 불가피하여 기관지에 좋지 않습니다. ③규모가 큰 공간을 다루다 보면 작은 실수에도 큰 손해가 발생하는 일이 있습니다. 그럼에도 이 직업을 권할 수 있는 이유 세 가지. ①이사를 하거나 내 집을 꾸밀 때 도움이 됩니다. ②가구, 조명, 문 손잡이에 이르기까지 손에 닿는 다양한 것을 스스로 디자인해볼 수 있기도 하죠. ③무엇보다 적성에 맞는다면, 당신은 커다란 재미와 보람을 느낄 것입니다.

THIS IS A JOB
공간 디자이너 — 김세중, 한주원

2018년 11월 5일

편집: 김광철, 김홍구
사진: 김연제
북디자인: OUTPUT

프로파간다
서울시 마포구 양화로 7길 61-6
T. 02-333-8459
F. 02-333-8460
www.graphicmag.co.kr
graphicmag@naver.com

ISBN 978-89-98143-63-3

THIS IS A JOB
Space Designer — Kim Sejung, Han
Joowon

November 2018

Editors: Kim Kwangchul, Kim Honggoo
Photography: Kim Yeonje
Book Design: OUTPUT

propaganda
61-6, Yangwha-ro 7-gil, Mapo-gu,
Seoul, Korea
T. 82-2-333-8459
F. 82-2-333-8460
www.graphicmag.kr

ISBN 978-89-98143-63-3

Printed in Korea